Angelika Nix / Svenja Blume (Hg.)

Schwedische Weihnacht

W0084073

Angelika Nix / Svenja Blume (Hg.)

Schwedische Weihnacht

Wichtel, Glögg und Lichterglanz

Zeichnungen von Andrea Schraml

HERDER

FREIBURG · BASEL · WIEN

Gedruckt auf umweltfreundlichem,
chlorfrei gebleichtem Papier

Originalausgabe

Alle Rechte vorbehalten – Printed in Germany
© Verlag Herder Freiburg im Breisgau 2004
www.herder.de
Herstellung: fgb · freiburger graphische betriebe 2004
www.fgb.de
Typografie und Gestaltung: Layoutsatz Kendlinger
Umschlaggestaltung und Konzeption:
R·M·E München / Roland Eschlbeck, Liana Tuchel
ISBN 3-451-07036-7

Inhalt

TOVE JANSSON

Der zugeschneite Salon

Der Himmel war fast schwarz, aber der Schnee
funkelte leuchtend blau im Mondschein.

Das Meer lag unterm Eis und schlief, und tief
zwischen den Wurzeln der Erde träumten alle
kleinen Krabbeltiere vom Frühling. Doch bis dahin
dauerte es noch eine gute Weile, das Jahr war
nämlich erst bis kurz nach Neujahr vorgerückt.

An der Stelle, wo das Tal mit weichem
Schwung bergan stieg, lag ein eingeschneites
Haus. Es erinnerte an einen zufällig zusammen-
gewehten Schneehaufen und sah sehr einsam

aus. Gleich daneben wand sich der Fluss kohlschwarz zwischen den Eiskanten. Die Strömung hatte das Wasser den ganzen Winter über offen gehalten. Aber keine Fußspuren führten über die Brücke und auch die Schneewehen vor dem Haus waren unberührt.

Drinnen im Haus war es warm. Unten im Keller verbrannten große Mengen Torf langsam im Ofen. Der Mond schaute durchs Fenster und schien auf die weißen Winterbezüge der Möbel und auf den in Tüll gehüllten Kristallleuchter. Und rings um den größten Kachelofen im Salon lag die Muminfamilie und schlief ihren langen Winterschlaf.

Wie immer schliefen sie von November bis April, denn so hatten es ihre Vorfahren gehalten und Mumintrolle sind sehr traditionsbewusst. Alle hatten den Bauch voller Tannennadeln, genau wie ihre Vorfahren es gehabt hatten, und neben ihre Betten hatten sie hoffnungsvoll alles bereitgelegt, was man in den ersten Frühlingstagen so brauchen kann: Spaten, Brenngläser und Filmstreifen, Windmesser und ähnliche Dinge.

Die Stille war voller Ruhe und Erwartung.

Ab und zu seufzte jemand und rollte sich noch tiefer in seine Schlafmulde hinein.

Der Mondstreifen wanderte über den Schaukelstuhl zum Salontisch, kroch über die Messingknäufe des Bettgiebels und schien Mumin direkt ins Gesicht.

Und dann geschah etwas, das noch nie geschehen war, seit der erste Mumintroll sich zum Winterschlaf zusammengerollt hatte. Mumin wachte auf und konnte nicht wieder einschlafen.

Mumin sah den Mondschein und die Eiskristalle an der Fensterscheibe. Er hörte unten im Keller den Ofen brummen und wurde immer wacher und wunderte sich immer mehr. Schließlich stand er auf und tappte ans Bett der Muminmutter.

Vorsichtig zog er sie am Ohr, aber sie wachte nicht auf, sondern rollte sich nur zu einem uninteressierten Ball zusammen.

Wenn nicht einmal Mutter aufwacht, brauche ich es mit den anderen gar nicht erst zu versuchen, dachte Mumin und tappte weiter durch das fremde, geheimnisvolle Haus. Die Uhren waren schon längst stehen geblieben, alles war von einer feinen Staubschicht überzogen. Auf dem Salontisch stand noch vom Herbst die Suppenschüssel, in der die Tannennadeln gewesen waren. Und der kristallene Kronleuchter klirrte sachte in seinem Tüllgewand vor sich hin.

Plötzlich bekam Mumin Angst. Er blieb jäh in dem warmen Dunkel außerhalb des Mondstreifens stehen und fühlte sich ganz entsetzlich verlassen.

„Mutter! Wach auf!", schrie er und zog an ihrer Decke. „Die ganze Welt ist verschwunden!"

Doch die Muminmutter wachte nicht auf. Für einen kurzen Augenblick wurden ihre Sommerträume unruhig und bekümmert, aber aufwachen, das konnte sie nicht. Mumin rollte sich neben ihrem Bett auf dem Teppich zusammen, und die lange Winternacht ging weiter.

Im Morgengrauen begann sich der Schnee auf dem Dach zu bewegen. Er rutschte ein Stück, dann glitt er entschlossen über die Dachkante und landete mit einem weichen Plumps.

Jetzt waren alle Fenster in Schnee begraben, durch die Scheiben drang nur noch ein schwaches graues Licht ins Haus. Der Salon wirkte unwirklicher denn je, so als läge er tief unter der Erde.

Mumin horchte lange mit steil aufgerichteten Ohren, dann zündete er die Nachtlampe an und schlich zur Kommode, um den Frühlingsbrief des Schnupferichs zu lesen. Der Brief lag wie immer an seinem Platz unter der kleinen Straßenbahn aus Meerschaum und glich all den anderen Frühlingsbriefen, die der Schnupferich jedes Mal hinterlassen hatte, wenn er im Oktober nach Süden wanderte.

Mit großen, runden Buchstaben stand da zuerst Hallo. Der Brief selbst war kurz.

Schlaf gut und sei nicht traurig. Am ersten warmen Frühlingstag bin ich wieder bei dir. Warte mit dem Dammbau, bis ich da bin.
Schnupferich

Mumin las den Brief immer wieder, und plötzlich spürte er, dass er Hunger hatte.

Er ging in die Küche. Die lag ebenfalls viele Meilen tief unter der Erde und sah geradezu unheimlich aufgeräumt und leer aus. In der Speisekammer herrschte die gleiche Leere. Das Einzige, was er fand, waren eine Flasche Preiselbeersaft, der schon vergoren war, und eine halbe Packung verstaubtes Knäckebrot.

Er setzte sich unter den Küchentisch und aß und las dabei den Brief des Schnupferichs noch einmal von vorn. Dann legte er sich auf den Rücken und guckte die viereckigen Holzklötze an der Unterseite des Tisches an. Es war sehr still.

„Hallo", flüsterte Mumin. „Schlaf gut und sei nicht traurig. Am ersten warmen Frühlingstag …", sagte er etwas lauter. Und dann sang er aus vollem Hals: „… bin ich wieder bei dir! Ich bin hier und es ist Frühling und es ist warm und ich bin hier und hier bin ich und bin bei dir und bin hier und bin da …"

Und verstummte plötzlich, als er zwei kleine Augen entdeckte, die ihn unterm Spültisch hervor anstarrten. Er starrte zurück. Alles war genauso still wie zuvor. Dann verschwanden die Augen.

„Warte", rief Mumin ängstlich. Er kroch an den Spültisch hin und lockte leise: „Komm, komm! Hab keine Angst. Ich tu dir nichts. Komm zurück …"

Aber der Unbekannte unterm Spültisch kam nicht zurück. Mumin legte eine Reihe Knäckebrotstückchen auf den Boden und leerte ein paar Tropfen Preiselbeersaft aus.

Als er in den Salon kam, klirrten die Leuchterkristalle an der Decke melancholisch vor sich hin.

„Jetzt gehe ich", teilte Mumin dem Leuchter streng mit. „Ich hab euch alle satt und mache mich jetzt auf den Weg nach Süden, um den Schnupferich zu suchen." Er versuchte die Haustür zu öffnen, doch die war festgefroren.

Leise wimmernd, lief er von einem Fenster zum andern, aber alle waren festgefroren. Da stürzte der einsame Mumin nach oben auf den Dachboden, warf die Dachluke auf und kletterte hinaus.

Ein Schwall kalter Luft schlug ihm entgegen.

Ihm stockte der Atem, er rutschte aus und kullerte über die Dachkante, fuhr hilflos in eine neue, gefährliche Welt hinaus und versank tief in der ersten Schneewehe seines Lebens. Der Schnee stach prickelnd in sein samtiges Fell, aber gleichzeitig witterte seine Schnauze einen neuen Geruch. Dieser Geruch war ernster als alle Gerüche, die Mumin bisher gekannt hatte, und auch ein wenig beängstigend. Aber zugleich machte er ihn hellwach und weckte sein Interesse.

Dichtes graues Zwielicht lag über dem Tal. Doch das Tal selbst war nicht mehr grün, sondern weiß. Alles, was sich bewegt hatte, war bewegungslos geworden, alles Kantige rund. Alle lebendigen Geräusche waren verstummt. „Das ist Schnee", flüsterte Mumin. „Davon hat Mutter schon mal was gehört, und das nennt sich Schnee."

Ohne dass Mumin es wusste, entschloss sich sein samtiges Fell zu wachsen.

Es beschloss, nach und nach zu einem nützlichen Winterpelz zu werden. Das würde zwar lange dauern, aber der Beschluss war immerhin gefasst. Und das ist ja schon mal was.

Währenddessen wanderte Mumin selbst mühsam weiter durch den Schnee und kam an den Fluss. Es war derselbe Fluss, der sonst immer klar und fröhlich durch Mumins Sommergarten lief. Jetzt sah er ganz anders aus, schwarz und gleichgültig, und gehörte auch in die neue Welt, in der Mumin nicht zu Hause war.

Sicherheitshalber sah sich Mumin die Brücke an. Dann den Briefkasten. Beides erkannte er wieder. Er hob den Briefkastendeckel leicht an, aber die einzige Post, die darin lag, war ein welkes Blatt ohne Text.

Inzwischen hatte er sich so an den Wintergeruch gewöhnt, dass er ihn nicht mehr neugierig machte.

Der Jasminbusch war ein einziger Wirrwarr aus nackten Zweigen, und als Mumin ihn erblickte, dachte er entsetzt: Der Jasmin ist tot. Die ganze Welt ist gestorben, während ich geschlafen habe. Diese Welt hier gehört jemand anderem, den ich nicht kenne. Vielleicht der Morra. Jedenfalls ist das keine Welt, in der Mumintrolle leben können.

Er zögerte einen Moment. Und dann sagte er sich: Als Einziger wach zu sein, während alle anderen schlafen, wäre das Allerschlimmste.

Und daher tappte Mumin die ersten Spuren in den Schnee auf der Brücke und weiter den Hang hinauf. Es waren sehr kleine Spuren, aber sie führten entschieden direkt in den Wald und nach Süden.

FREDRIKA BREMER

Die Reise: ein Winterstück

Als sie durch die ewiggrünen Tannenwälder, über
die schneebedeckten Seen und Wälder fuhr und
ihren frischen Hauch auf der Stirn fühlte, als sie
das Rauschen der Fichten wieder hörte und Ufer
und Gegenden gleichsam entfliehen sah, während sie auf glatter Schlittenbahn mit klingenden Schellen, von raschen Rennern gezogen, immer weiter und weiter von Stockholm hinweg ihrer Heimat zueilte, da wurde es ihr leichter zumute, und das Fieber in ihrem Blut ließ nach. Sie
sagte beständige zu sich: „Ich reise heim zu mei-

nem Vater! Bin ich einmal bei ihm, so wird alles gut werden." Und die rasche Fahrt, die rauschenden Wälder, die klingenden Schellen schienen jubelnd zuzustimmen.

So kam Rosa nach Calmar. Sie reiste in Gesellschaft einiger Bekannten aus Wisby, eines Herrn und einer Dame, die von Stockholm nach Gotland zurückkehren wollten. Man sollte, wie gewöhnlich im Winter, wo jede direkte Verbindung zwischen Stockholm und Gotland abgebrochen ist, von Calmar nach Öland hinüberfahren, und von Öland mit dem Postboot nach Gotland. Noch war das Meer eisfrei zwischen dem festen Land und Öland; es blies ein frischer und günstiger Wind, der Himmel war klar, die Kälte nicht stark, der Überfahrt schien keine Gefahr zu drohen.

In Calmar traf Rosa Briefe, die ihre Sehnsucht nach Hause womöglich verdoppelten.

„Uns verlangt alle schrecklich nach dir, mein Herzchen", schrieb die Propstin Carlander, „und ganz besonders deinen Vater, obschon er nicht viel davon sagt, aber er zählt die Tage und rechnet immer, wann du wohl wieder dasein könntest. Es ist eine wunderliche Veränderung mit ihm vorgegangen. Er ist lebhafter, freundlicher, gesprächiger als früher, aber auch unruhiger. Ich glaube, dass das von der Sehnsucht nach dir herkommt; denn er geht oft in dein Zimmer, stellt sich ans Fenster und öffnet die Augen weit, als suchte er weit Entferntes zu sehen. Er hat auch für Axel ein Zimmer im Hause einrichten lassen und erwartet, dass er dir bald hierher folgt. Und er fragt beständig, ob wir das eine oder andere, was ihr gern esst, in Bereitschaft haben. Sorge also dafür, dass du einen guten Appetit hast, mein Püppchen, wenn du heimkommst. Denn es wird hier weder am Mastkalb noch an Austern, noch an Torten und Bierwürzenbrot, noch an Met, noch an sonst etwas Gutem fehlen. Man könnte meinen, es werde hier zu einer Hochzeit gerüstet. Überdies haben wir die Weihnachtsfeier bis zu deiner Rückkehr verschoben. Die Mädchen wollen dich mit allerlei kleinen Arbeiten und die Jungen mit Gotländer Nüssen, Feuerwerk, Illumination und dergleichen überraschen, so dass du also ungeheuer willkommen sein wirst, mein Kind. Es hat jetzt seit einigen Tagen

stark geschneit, und dein Vater geht jeden Tag
mit Allgott und schaufelt den Schnee auf dem
Weg weg, auf dem du kommen musst, und dann
geht er auf diesem Weg hin und her, als ob er
dich erwartet; er bekommt wahrlich keine Ruhe,
bis du da bist. Er beabsichtigt, selbst mit Allgott
nach Wisby zu fahren, um dich abzuholen.

Mehrere Karten waren dem Brief der Propstin
hinzugefügt; es war ein förmlicher Chorus von
Willkommensgrüßen aus der Heimat, und mit
inniger Rührung las Rosa folgende, mit großen
und ungleichen Zügen geschriebene Worte ihres
Vaters:

„Meine Tochter, meiner Augen Trost! Sei tau-
sendmal willkommen deinem nach dir verlan-
genden Vater und Freund Severin Norrby."

Wie schön ist die Wiederkehr in die Heimat,
wenn man auf solche Weise ersehnt und willkommen geheißen wird! Kein Wunder, wenn
diese Briefe Rose frisch belebten. Besonders das
Bild ihres unruhig umherwandernden und sehn-
suchtsvollen Vaters war es, was ihre Seele er-
füllte und sie nicht mehr verließ. Mit Ungeduld

sah sie der Seereise entgegen, welche in seine Arme führen würde; selbst ihre Gefahren verlockten sie mit wunderlicher Macht; sie empfand Lust, mit ihnen zu kämpfen. Der alte frische Mut wuchs wieder in ihrer Brust, und sie bedurfte dessen, denn er sollte bald auf eine Weise geprüft werden, von der sie keine Ahnung hatte.

Einige Tage nach der Ankunft in Calmar waren ihre Freunde, Kaufmann E. und seine junge Frau reisefertig. Die Fahrt mit dem Postboot nach Öland ging glücklich und leicht vonstatten. Das Meer war hier noch eisfrei, die Luft kalt, aber ruhig. In dem kleinen öländischen Städtchen Borgholm mussten unsere Reisenden ein paar Tage auf die Ankunft des Postbootes von Gotland warten. In dieser Zeit erkrankte die junge Frau E. so ernstlich, dass sie die Weiterreise auf später verschieben musste. Ihr Mann blieb bei ihr, und beide suchten Rosa zu überreden, ebenfalls zu bleiben, denn in den letzten Tagen hatte das Eis sich vor Öland gesammelt, sodass man von da aus kein offenes Wasser sah und die Postfahrt vermutlich nicht ohne Schwierigkeiten und sogar ohne Gefahr vor sich gehen konnte.

Rosa sah es ein, wusste auch, dass die Fahrt in dieser Jahreszeit immer mit Gefahr verbunden ist, aber sie war, wie gewöhnlich ein schwedisches Mädchen, eine unerschrockene Natur und wurde jetzt auch von einer Sehnsucht und Unruhe getrieben, die ihr kein längeres Bleiben gestatteten. Alles, was sie ihrem Vater näher brachte, war ihr willkommen. Die Postschiffer waren überdies Gotländer, seegewohnte und beherzte Männer, in Gotland wohlbekannt und sogar etwas begütert; und als Rosa unter ihnen einige alte Bekannte ihres Vaters traf, trug sie keine Bedenken mehr, sich ihrer Obhut anzuvertrauen und ganz allein mit ihnen die Rückfahrt nach Gotland anzutreten. Sie fühlte sich bei ihnen vollkommen sicher, und alle schienen vergnügt, ja sogar etwas stolz über den ehrenvollen Auftrag, das junge Fräulein Norrby zu ihrem allgemein geachteten Vater und in ihr gemeinsames Vaterland zurückzuführen (denn für den Gotländer ist Gotland in innigerem Sinne das Vaterland als das übrige Schweden).

Sie hatten soeben eine schnelle und glückliche Fahrt nach Öland gehabt, und da der Wind sich jetzt nach Südwest drehte, fassten sie die Hoffnung, das Meer werde bald eisfrei werden. Sie schifften sich mit den Passagieren und Postfelleisen ein. In einem der Boote saß Rosa, von den Schiffern wie ein Schatz betrachtet, den sie außer der Post ganz besonders zu hüten hätten, und von allen geliebt wegen ihres freundlichen Wesens und ihrer munteren Laune.

Die Fahrt wurde von der Enggjerder Landspitze aus in zwei Booten angetreten, von denen man das größere auf Schlitten stellte, um von zwei Pferden über das feste Eis gezogen zu werden. Das kleinere Boot wurde von der Schiffsmannschaft nachgezogen. Man wollte so lange wie möglich auf diese Art fortfahren. Aber bald brach das Eis unter den Pferden. Sie konnten jedoch gerettet werden. Man schickte Pferde und Schlitten aufs Land zurück. Die Boote wurden an den Eisrand gezogen und in die See gestoßen. Man segelte eine Weile mit einem frischen, kühlen Wind, aber bald wurde dieser matter, und das Eis begann sich wieder anzuhäufen. Man kehrte daher um und legte abends bei Grunkulla an.

Morgens um vier begab man sich wieder auf

die Fahrt. Das kleine Boot wurde, obschon es seine eigenen Segel gebrauchte, mit einem starken Tau an das größere gebunden, das einen stärkeren Lauf hatte. Und mit frischem Wind steuerte man nach der großen Carlsinsel (einer Felseninsel, ungefähr zwei Seemeilen von Klintehafen, auf Gotlands westlicher Küste), wo man noch vor Abend einzutreffen hoffte. Alles schien eine glückliche Fahrt zu versprechen, und man sprach bereits davon, wie man sich am anderen Morgen zu Hause einen guten Trank zu Gemüte führen wolle.

So ging die Fahrt den ganzen Tag unter fröhlichen Gesprächen zwischen der Mannschaft beider Boote vonstatten. In der Dämmerung begann man die unangenehme Erfahrung zu machen, dass man zwischen Eisschollen geraten war. Man hoffte jedoch, dies werde nicht sonderlich viel zu bedeuten haben und man werde bald wieder ins freie Wasser kommen. Diese Hoffnung verschwand allmählich. Gegen acht Uhr saßen die Boote fest im Eis. Der Wind schlug von Südwest in Südost um. Eine düstere Winternacht, in finstere Wolken gehüllt und immer windiger werdend, senkte sich über die fröhlichen Hoffnungen des Tags. Die ganze Nacht arbeitete man, um zwischen dem Eisgang und den Eisschollen hindurch näher ans Land zu kommen, aber vergebens.

Der nächste Tag zeigte unseren Eisfahrern die Unmöglichkeit, nach Westergarn zu gelangen. Man war bereits an dieser Insel vorbeigetrieben worden und heftete seine Hoffnung auf einen nördlicheren Punkt näher bei Wisby. In der Nacht hatte es gefroren. Den Tag über gewann das Eis immer mehr Festigkeit und Zusammenhang. Man konnte nicht mehr daran denken, sich hindurchzuarbeiten, und das größere Boot auf demselben fortzuschaffen war unmöglich. Man beschloss daher, es zu verlassen. Die nötigen Sachen wurden in das kleinere Boot geschafft. Auf den bequemsten Platz wurde Rosa gesetzt, die gut in warme Kleider eingehüllt war. Das größere Boot wurde auf ein großes Stück Eis gezogen und angekettet mit einem Anker, den man durch ein ins Eis gehauenes Loch versenkte. Quer über das kleinere Boot wurde der Mast befestigt, und drei Mann auf jeder Seite setzten ihre Brust gegen die über das Boot hinausreichenden Enden des Mastes und schoben es auf solche Art vorwärts.

Ehe die Wanderung des Tages unter solchen veränderten Umständen angetreten wurde, dachte man daran, sich gemeinsam dem Schutz desjenigen anzuvertrauen, ohne dessen Hilfe alle eigenen Anstrengungen vergeblich sein würden. Mit entblößten Häuptern wurde ein Gebet gesprochen, und Rosa sang mit den übrigen einen frommen Vers aus dem Gesangbuch.

Es war zwischen drei und vier Uhr nachmittags. Jetzt wurde die Wanderung mit neuem Mut und noch ungebrochenen Kräften angetreten. Aber das Gespräch, das schon vorher höchst einsilbig gewesen war, hörte nun ganz auf. Kein Wort wurde gewechselt, das sich nicht auf die Rettungsarbeit bezog. Als hätte man eine stille Übereinkunft getroffen, so verbarg man sorgfältig seine unruhigen Gedanken, seine Gefühle der Furcht und der Hoffnung in der eigenen Brust.

Wo das Eis fest und sicher war, ging die Fahrt rasch voran. Manchmal aber war es so schwach, dass es brach; zuweilen traf man Wellen, in denen man sich ins Boot begeben und zu den Rudern greifen musste. Das Eis schien einen immer stärkeren Trieb nordwärts zu bekommen, und bald war man am Hafen von Westergarn vorbei. Am Abend befand man sich jedoch in der Nähe von Toffta. Man konnte die Leute am Ufer sehen. Aber jetzt war es mit der Fahrt auf dem Eis vorbei. Das Boot wurde in das treibende Eis gesetzt. Es war ziemlich klein für neun Personen nebst zwei Postfelleisen, die mit gewöhnlicher unverbrüchlicher Treue verwahrt wurden. Die Eisschollen waren indessen ganz unbiegsam; es war, als suchte man in einem Sandhaufen herumzurudern. Das Eis erstarrte auch immer mehr in der zunehmenden Kälte.

Immer mehr Sterne zündeten ihre Lichter an in der kalten Winternacht. Die Kälte war so stark, dass man schon kurz nach Mitternacht um das Boot herumgehen konnte. Man glaubte, in der Nähe des Fischerortes Gnisvärd zu sein, und die Frage entstand, ob man nicht das Boot verlassen und sich auf dem neugebildeten Eis ans Land begeben sollte. Aber der Gedanke an die schweren Postfelleisen und an die möglichen Gefahren gegen die man in der Dunkelheit weniger Schutz besaß, führten zu der Entscheidung, die Dämmerung abzuwarten.

Und es wurde voller Tag, aber kein Land zeigte sich. Wind und Strömung hatten die Kämpfenden weit hinweggetrieben. Man glaubte, einen schwachen Schimmer von der Carlsinsel zu erblicken, aber man war sich dessen nicht sicher. Und gleichwohl hatte man sich dem rettenden Strand so nahe geglaubt. Es war entsetzlich, sich so in seiner Hoffnung getäuscht zu sehen. Diese schreckliche Entdeckung wurde mit Schweigen aufgenommen. Über keine Lippe kam ein Wort des Verzagens oder auch nur der Klage. Die Wanderung wurde den ganzen Tag fortgesetzt. Aber gegen Abend empfand man das Bedürfnis nach Ruhe. Die Männer legten sich im Boot nieder, fest und treu zusammengeschlossen, um auf solche Art in der eisigen Kälte einander Lebenskraft und Lebenswärme mitzuteilen. Rosa war in ihren wohlgefütterten Kleidern besser gegen die Kälte geschützt als die Männer in ihren groben Anzügen, und sie litt weniger als sie.

Und wiederum breitete eine sternglänzende Nacht ihren eiskalten Schleier über den stillen, aber mutigen Kampf. Die Wanderung wurde jetzt fortgesetzt, zuweilen von Eisbergen behindert, die man umgehen musste. Der Hunger, die Schlaflosigkeit, die wechselnden Gemütsbewegungen, die ununterbrochene Stille, in der jeder ganz ungestört seinen eigenen Gedanken überlassen wurde, die finstere Winternacht, die von den aufrecht stehenden Eisstücken da und dort mit tausendfach wechselnden Gestalten bevölkert wurde, alles wirkte mächtig auf die Einbildungskraft.

Das Boot war wegen des vielen Schleifens so beschädigt, dass man im offenen Wasser keinen Dienst mehr von ihm erwarten konnte. Es war also das beste, es zu verlassen. Dass die Kräfte immer mehr nachließen, wollte man sich selbst nicht einmal gestehen. Man brachte eine Art von Schlitten zustande. Die Postfelleisen, der kostbare Salzbeutel und die notwendigsten Dinge wurden aufgeladen. Das übrige überließ man seinem Schicksal. Auf den Postfelleisen hatte man einen möglichst bequemen Sitz für Rosa eingerichtet. Aber sie wollte lieber gehen als sich noch länger von ihren erschöpften Reisegefährten ziehen lassen. Noch fühlte sie ihre Kräfte frisch, und gestützt auf ihres Vaters Stab, den sie mitgenommen hatte, schritt sie rüstig neben den anderen her. So begann die Wanderung aufs Neue. Immer mehr Eisberge und Eiszacken, die man umgehen musste, erschwerten den Marsch. Jetzt fühlte man auch keinen sonderlichen Hunger mehr, der Körper hatte gleichsam aufgehört, ständig an sein Bedürfnis zu erinnern. Auch hatte man jetzt kein eigentliches Gefühl von Ermattung mehr. Der Körper war sozusagen zu einem toten Mechanismus heruntergekommen.

Und so kam wieder eine Nacht und ein Tag, aber noch kein Land, nur Eis, Eis, Eis! Man musste den Schlitten möglichst erleichtern. Man musste sich sogar selbst soweit wie möglich von der Schwere seiner eigenen Kleider befreien. Verschiedene bisher mitgeführte Kleidungsstücke wurden in einen Sack gesteckt, und dieser Sack wurde auf einen Eisberg gelegt. So konnte er als eine Art von Seezeichen dienen. Rosa wollte auch ihren Nachtsack zurücklassen. Aber dies wurde ihr hartnäckig verweigert. Nicht einen Augenblick fiel es diesen abgehärteten Gemütern ein, sich der Verzweiflung zu überlassen. Beständige Umsicht war das Losungswort.

Im Osten sah man einen bläulichen Rand. War das Land? Der Anblick des Landes, der geliebten Vatererde, belebte den Mut und spannte die Kräfte; aber die Postfelleisen ans Land zu tragen, daran war nicht zu denken. Einige der Schiffer sollten sich deshalb ans Land begeben, um Leute und womöglich ein Fuhrwerk herbeizuschaffen.

In der Nacht war Schnee gefallen, und am Vormittag stellte sich ein Schneewind ein. Dies hinderte die Abgesandten, ihren Weg genau zu sehen, und sie kamen südlicher, als sie beabsichtigt hatten, an Land. Hier wurden sie in einer gastlichen Wohnung aufgenommen. Aber es fiel ihnen schwer, genau über den Ort zu informieren, an dem ihre Unglücksgefährten sich befanden.

Stunde um Stunde warteten diese und spähten vergebens nach der versprochenen Hilfe vom Land. Es dauerte bis tief in den Nachmittag. Die bei den Postfelleisen wachenden Männer fühlten und mussten zugeben, dass sie wohl kaum noch eine weitere Nacht auf dem Eis überleben würden, zumal bei ruhigem Wachhalten. Ihr Tod konnte die Post also nicht retten und ebenso wenig Rosa, zu deren Schutz sie ebenfalls verpflichtet waren. Das Sturmwetter würde vermutlich nicht zulassen, die Stelle zu entdecken, wo sie sich befanden, und vielleicht hatte es auch die Abgesandten daran gehindert, das Ufer zu finden, oder sie hatten sich verlaufen, wie es den hier Wartenden gleichfalls begegnen konnte, wenn sie nicht bald Hilfe bekamen. Alle diese Erwägungen, die sie einander und Rosa mitteilten, führten zu dem Entschluss, sich auf den Weg zu machen, um Land zu suchen. Gerade jetzt war ein Augenblick gekommen, wo der Schneewind aufhörte und das Wetter sich aufhellen zu wollen schien. Diesen Augenblick musste man nutzen. Später kam die Finsternis und machte vielleicht alle Rettung unmöglich.

So machte man sich auf den Weg. Rosa ging zunächst in den Spuren der anderen mit; denn der Schnee war stellenweise vom Wind zusammengeweht und außerdem sehr tief, sodass

die Tritte der Männer ihr den Weg bahnen mussten. So ging es eine gute Weile voran, aber auf
einmal verlor Rosa – sie wusste nicht, wie es kam
– ihre Begleiter aus dem Auge; der Wind, der sich
erhob, trieb den Schnee wie einen Rauch über
das Eisfeld und verwehte die Spuren der Männer.
Rosa sah nichts mehr und wusste auch nicht, wo
sie war. Starkes Glockengeläut schallte betäu-
bend an ihre Ohren; kraftlos setzte sie sich auf
einen zusammengewehten Schneehügel am Fuß
eines Eisberges, und eine Art von Umnachtung
kam über sie, in der sie meinte, einen schönen alten Mann mit silberglänzenden Haaren von der
Seeseite auf sich zutreten und ihr ein Stück Brot
reichen zu sehen. Sie aß es begierig und fühlte
sich wunderbar gestärkt und belebt. Sei gewann
Bewusstsein und Klarheit wieder, schaute mit
hellen Blicken um sich, aber den alten Man sah
sie nicht mehr. Sie hob den Stock ihres Vaters,
den sie auf dem Schnee an ihrer Seite wiederge-
funden hatte, erhob sich, und so allein sie jetzt
auch auf dem eisbedeckten Meer stand, sie
fühlte sich stark genug, die Wanderung fortzu-
setzen.

Ein anderer Anblick belebte jetzt auch ihren Mut. Es waren Wisbys Tempelruinen und Türme, die ihr, beleuchtet von den Strahlen der untergehenden Sonne, hell entgegenglänzten. In mildem Glanz strahlten sie aus den dunklen, mit Schnee gefüllten Wolken hervor und zeigten ihr den Weg, wie der Leuchtturm die Seefahrer in der Nacht leitet. Sie fühlte weder Schwäche noch Müdigkeit. Der Wind, der den Schnee in Wirbeln vor ihr herfegte, schien ihr Flügel zu verleihen. Sie erkennt die schöne Ruine der Sankt-Nikolaus-Kirche wieder, sie erkennt das Haus ihres Vaters daneben wieder und ruft seinen Namen. Das gibt ihr neue Kräfte. Jetzt sieht sie das Ufer immer näher und näher.

Wer geht dort am Ufer? Wer ist den ganzen Tag auf und ab gegangen, ins Meer hinausstarrend mit Augen, so groß und so scharf, dass sie für die Unendlichkeit zu sehen scheinen? Das ist der blinde Vater. Seit drei Tagen geht er am Ufer hin und her und lässt Nacht für Nacht Fackeln anzünden. Er ahnt, er fühlt in seinem Innern, dass seine geliebte Tochter auf dem Meer in Lebensgefahr ist. Aber niemand will dem Blinden

glauben, und niemand will ihm helfen, sie aufzu-
suchen, denn jeder fürchtet, selbst den Tod da zu
finden. Er hat Späher ausgesandt, und diese sind
zurückgekommen, ohne jemand oder etwas zu
finden. Deshalb ist er verurteilt, am Ufer auf und
ab zu gehen und in einer Angst zu warten, die
der starke Mann früher nie in diesem Grade gekannt hat. Was helfen ihm jetzt Trostsprüche!
Keine einzige von all diesen Sentenzen vermag
die Unruhe zu stillen, die ihn Tag und Nacht um-
herjagte. Aber jetzt bleibt er plötzlich stehen. Ein
schwacher Ruf hat sein Ohr erreicht.

„Vater! Vater"!

„O mein Gott, diese Stimme! Ist sie es nicht?"

Er ruft ihren Namen mit durchdringender
Stimme. Sie antwortet. Ja, sie ist es; seine geliebte Tochter. Sie nähert sich, sie sieht, sie erkennt ihn. Jetzt liegt das arme, halberfrorene
Mädchen in seinen Armen, in denen sie alles ver-
gisst, außer der Seligkeit, wieder bei ihm zu sein.

Aber nur einen Augenblick lang öffnet sich
der Himmel über der Erde. Nur einen Augenblick
durfte Rosa in das geliebte Gesicht ihres Vaters
schauen. Im nächsten Augenblick wurden ihre

Sehkraft und ihr Gemüt umnebelt, und tiefe Nacht senkte sich über ihre Seele nieder. In diesem Zustand wurde sie in ihr Haus gebracht.

Das Zimmer hatte sich mit Leuten gefüllt, denn in der Angst des Augenblickes hatte niemand daran gedacht, die Tür zu verschließen, aber es war nicht Neugierde allein, was jetzt dieses Zimmer bevölkert hatte. Lektor Norrby war bekannt und geachtet in Wisby, seine Tochter war beliebt, und das schöne Verhältnis zwischen Vater und Tochter war ebenfalls bekannt in diesem Städtchen. Eine mehr als gewöhnliche Teilnahme führte also die Menge zusammen, und viele weinten über die Szene, der sie beiwohnten.

Aber unter den Tränen des Vaters erwachte die Tochter zu neuem Leben. Sie öffnete die Augen, sah ihren Vater an und sagte, indem sie ihre Arme um seinen Hals schlang: „Weine nicht! Ich bin glücklich. Ich bin bei dir!" Und sie verbarg ihr Gesicht an seiner Brust. Eine schwache Röte wiederkehrenden Lebens hatte sich darüber verbreitet.

Lektor Norrby nahm sie in seine Arme. „Sie lebt! Gott sei Lob und Dank!" rief er.

„Sie lebt! Sie lebt! Gott sei Lob und Dank!" tönte es unter der Menge im Zimmer.

Jetzt stürzte Allgott mit dem Arzt herbei, den er schleunigst gerufen hatte, und auf ihres Vaters Armen wurde Rosa in sein inneres Zimmer getragen, wo alles ruhig und still war.

Das Lucia-Lied

Dunkelheit liegt so schwer
auf allem Leben.
Sonne die scheint nicht mehr.
Nachtschatten schweben.
Durch dunkle Stub' und Stall
schreitet im Lichterstrahl
Sancta Lucia, Sancta Lucia.

Natten går tunga fjät
runt gård och stuva.
Kring jord, som sol forlät,
skuggorna ruva.
Då i vårt mörka hus,
stiger med tända ljus,
Sankta Lucia, Sankta Lucia.

Nacht war so groß und stumm,
nun hört ein Brausen
ums stille Haus herum
wie Flügelrauschen.
Seht dort, wie wunderbar,
kommt her mit Licht und Haar
Sancta Lucia, Sancta Lucia.

> Natten var stor och stum,
> nu hör, det svingar,
> i alla tysta rum
> sus som av vingar.
> Se, på vår tröskel står,
> vitklädd, med ljus i hår,
> Sankta Lucia, Sankta Lucia.

Bald flieht die Dunkelheit
aus dieser Welt.
Bald steigt dieser Tag erneut,
vom Himmelszelt.
Welch wunderbarer Geist,
der uns dies Licht verheißt:
Sancta Lucia, Sancta Lucia.

Mörkret skall flykta snart
ur jordens dalar.
Så hon ett underbart
ord till oss talar.
Dagen skall åter ny
stiga ur rosig sky.
Sankta Lucia, Sankta Lucia.

Lucia
Die schwedische Lichterbraut

Während der Nikolaustag am 6. Dezember in Schweden kaum eine Rolle spielt, erreicht die schwedische Vorweihnachtszeit am 13. Dezember ihren ersten Höhepunkt. An diesem Tag wird im ganzen Land, in den Familien, den Gemeinden, in Schulen und Kindergärten, am Arbeitsplatz, in Krankenhäusern, Seniorenstiften und öffentlichen Einrichtungen die Heilige Lucia gefeiert. Bereits

*Tage zuvor werden in den Schulklassen, in Tages-
zeitungen und im Fernsehen die jungen Mädchen
ausgewählt, die als Lichterbraut die vielen Lucia-
züge des 13. Dezember anführen.*

*Mit ihrer sizilianischen Namenspatronin
Sancta Lucia hat die schwedische Lucia außer dem
Namen nicht viel gemeinsam. Der Luciatag, der
13. Dezember, fiel nach dem julianischen Kalender
mit der Wintersonnenwende zusammen. Die
Nacht davor galt im Norden als die längste und
unheimlichste des Jahres. Mit der Kalenderreform,
in Schweden 1753, wurde die Wintersonnenwende
auf den 21. Dezember verschoben, was jedoch die
Bedeutung des Luciatages besonders in der bäuer-
lichen Bevölkerung nicht minderte. Da mit dem
Aufgang der Sonne am 13. Dezember das Weih-
nachtsfasten begann, entstand schon im Mittel-
alter der Brauch, in den frühen Morgenstunden
noch einmal ausführlich zu essen und zu trinken –
von bis zu sieben Frühstücken wird berichtet. Auf
den Herrenhöfen in Westschweden wurde dieses
opulente Mahl seit dem 18. Jahrhundert in der
Morgendämmerung von einer weißen Lichterge-
stalt gereicht. Von hier aus verbreiteten sich die*

„Lusse"-Festlichkeiten über die Universitätsstädte Lund und Uppsala im ganzen Land.

Die Figur der lichtertragenden Lucia hat ihre ganz eigene Geschichte, die auf Sankt Nikolaus zurückgeht. Mit der Reformation im Norden wurde von der neuen protestantischen Kirche die Verehrung der Heiligen verboten, was sich insbesondere beim beliebten Sankt Nikolaus als schwierig erwies. In Deutschland wurde deshalb der Bischof durch das Christkind ersetzt und das Austeilen der Geschenke vom Nikolaustag auf Weihnachten verschoben: Das Christkind brachte diese nun im weißen Leinenkleid und mit einer Lichterkrone im Haar. Über deutschsprachige Kreise kam die Figur des Christkindes nach Schweden. Sie wurde hier aber nicht mit Heiligabend, sondern auf den westschwedischen Herrenhöfen mit den Feierlichkeiten des Luciatages verknüpft. Seitdem erscheint das Christkind als Lucia in den Morgenstunden des 13. Dezember in einem langen weißen Kleid, mit roter Schärpe und einem Kerzenkranz im Haar. Bis ins 19. Jahrhundert hinein brachte die Lichterbraut ihren Gästen Branntwein und Fleischgerichte, dann wurden Fleisch und Schnaps durch Kaffee und die

sogenannten „Lussekatter", Luciabrötchen, abge-
löst. „Lussekatter" gehören heute unbedingt zum
Luciatag. Sie werden aus safrangelbem Hefeteig in
verschiedenen traditionellen Formen gebacken.

Der erste offizielle Luciazug wurde 1927 in
Stockholm von der Tageszeitung Stockholms Dag-
blad veranstaltet. Heute gibt es kaum eine Gemeinde in Schweden, in der am 13. Dezember kein
Luciazug stattfindet. Der festliche Zug wird natürlich von der Lichterbraut angeführt, ihr folgen die
„Tärnor", die Brautjungfern, und abschließend die
„Stjärngossar", die Sternenjungen, die ursprünglich dem Zeremoniell der Heiligen Drei Könige an-
gehörten. Zusammen bilden sie den Lucia-Chor,
der ein festes Repertoire an Liedern und Versen
hat.

Lussekatter
Lucia-Brötchen

Zutaten für 30–40 Lucia-Brötchen
50 g Hefe
150 g Butter
5 dl Milch
1 Ei
1/2 Teelöffel Salz
125 g Zucker
ca. 900 g Mehl
2 Pakete Safran (1 g)

1 Ei und Rosinen für die Verzierung

Die Hefe in eine Schüssel krümeln. Die Butter in einem Topf zerlassen, die Milch dazugeben und auf 37 °C (Fingerwärme) erwärmen. Die Hefe mit einem Teil der Flüssigkeit glatt rühren. Die restliche Flüssigkeit, Salz, Zucker, Safran, das Ei und das Mehl nach und nach unterrühren. Etwas Mehl für die Verarbeitung des Teiges zurückbehalten. Die Zutaten zu einem geschmeidigen Teig kneten. Zugedeckt ca. 30 Minuten gehen lassen.

Den Teig nochmals auf einer bemehlten Fläche durchkneten. Mit bemehlten Händen die Lussekatter nach den Abbildungen unten formen. Die Teigmenge ergibt 30 bis 40 Stück. Die Lussekatter auf ein mit Backpapier belegtes Backblech setzen und nochmals zugedeckt 30 Minuten gehen lassen.

Inzwischen den Backofen auf 225 °C vorheizen. Die Lussekatter mit Rosinen verzieren und mit dem verquirlten Ei bestreichen. In der Mitte des Ofens etwa 5–10 Minuten goldgelb backen. Das Gebäck unter einem Tuch abkühlen lassen.

VIKTOR RYDBERG

Die Abenteuer des kleinen Wigg am Weihnachtsabend

Der Harschschnee lag glänzend über der Heide, auf der man, so groß sie auch war, nur eine einzige menschliche Behausung erblickte, und das war eine kleine Hütte, alt und grau.

Die armen Tröpfe, die darin wohnen, mögen ein trübseliges Leben führen! – so dachte wohl mancher Reisende, der dort vorbeifuhr. Und karg sah es aus auf der Heide, selbst im Sommer, das lässt sich nicht leugnen. Heidekraut und Feld-

steine, Krüppelkiefern und mancherlei Gestrüpp
– das war alles, womit sie das Auge zu erfreuen
vermochte. Doch die Hütte an sich war in ihrer
Art schon gut genug. Die moosbewachsenen
Wandbalken hatten einen gesunden Kern und
hielten verlässlich zusammen gegen Wind und
Kälte. Der Schornstein erhob sich breit und
selbstbewusst über das Torfdach, das während
des Sommers grünem Samt glich und sich mit
rotgelben Blumen schmückte. In dem Gärtchen
am Giebel wuchsen dann Kartoffeln, Mohrrüben
und Kohl und an der Einfriedung Mohn, Ringel-
blumen und Rosen. Dort stand auch ein Apfel-
baum und unter ihm eine kleine Bank. Das Fenster hatte eine Gardine, die immer weiß war.

Hütte und Gärtchen gehörten Mutter Gertrud, und sie wohnte dort mit einem Bürschchen,
das Wigg hieß.

Es war früh am Morgen gewesen, als Mutter
Gertrud fortging, um beim Dorfkrämer in der ab-
gelegenen Ortschaft Einkäufe zu machen. Nun
rüstete sich die Sonne zum Untergang, doch
Mutter Gertrud war noch nicht heimgekommen.
Wigg befand sich allein in der Hütte. Es herrschte

Stille ringsumher, soweit die Heide reichte. Während des ganzen Tages war nicht ein Glöckchen zu hören und kein Wegfahrer zu sehen gewesen.

Wigg lag auf den Knien, die Ellbogen gegen den Tisch gestützt, und blickte zum Fenster hinaus. Das hatte vier Scheiben; drei waren mit Eisblumen überzogen, die vierte hatte er angehaucht, so dass das Eis abgetaut war. Er wartete auf Mutter Gertrud, die ein Weizenbrot, einen Pfefferkuchen und ein Zweiglicht mitbringen wollte; denn es war Heiliger Abend. Aber noch immer war nichts von ihr zu sehen. Die Sonne ging unter, und die Wolken am Himmelsrand leuchteten wie die schönsten Rosen. Über die Schneedecke der Heide ergoss sich ein blassroter Schimmer. Bald verschmolzen alle Farben zu einem frostigen Blaurot, und die Himmelsfeste dunkelte.

Noch dunkler wurde es im Innern der Hütte. Wigg ging an den Herd, wo ein paar verglimmende Glutstücke in der Asche lagen. Es war so still, dass er, wenn die Holzschuhe an seinen Füßen auf dem Boden klapperten, glaubte, man könnte es über die ganze Heide hören. Er setzte sich an den Herd und grübelte, ob der Pfefferkuchen, auf den er wartete, wohl einen Kopf, vergoldete Hörner und vier Beine hätte. Er sann auch darüber nach, wie es den Dompfaffen und den Buchfinken am Heiligen Abend ergehen mochte.

Es lässt sich schwer sagen, wie lange Wigg so gesessen hatte, als er auf einmal Schellengeläut vernahm. Er lief ans Fenster und drückte die Nase gegen die Scheibe, um zu sehen, was das sei. Mutter Gertrud kam freilich nicht mit Glöckchen daher.

Alle Lichter des Himmels waren angezündet. Sie funkelten und strahlten. Fernab bewegte sich etwas Schwarzes auf dem Schnee. Es kam näher und näher, und immer stärker tönte der fröhliche Klang der Glöckchen.

Wer mag das sein, der dort fährt? Er hält sich ja gar nicht an den Weg, sondern kommt quer über die Heide! Wigg wusste sehr wohl, wo der Weg verlief, er, der im Sommer da draußen Heidel- und Preiselbeeren gepflückt hatte und weit umhergestreift war – mehrere hundert Ellen von der Hütte nach allen Richtungen! Hinter solchen Glöckchen müsste man fahren und selber lenken dürfen! Kaum hatte Wigg diesen Wunsch ausgedacht, als das Gefährt auch schon heran war und vor dem Fenster hielt.

Es war ein Schlitten, bespannt mit vier Pferden, kleiner als die kleinsten Fohlen. Sie waren stehen geblieben, denn der im Schlitten Sitzende zog die Zügel straff; aber sie schienen keineswegs erfreut darüber, verschnaufen zu können, denn sie schnaubten, wieherten, schüttelten ihre Mähnen und scharrten den Schnee auf.

„Sei nicht ungebärdig, Rapp! Ruhig, Schnapp! Hott, nimm dich zusammen! Flott, halt dich im Zaum!" rief der im Schlitten. Dann sprang er heraus und trat ans Fenster heran.

Einen solchen Erdbewohner hatte Wigg noch nie gesehen. Aber er hatte ja auch noch gar nicht sehr viele Leute zu Gesicht bekommen. Es war ein altes Männlein, gerade recht für solche Pferdchen. Sein Gesicht war voller Runzeln, und der lange Bart ähnelte dem Moos auf dem Hüttendach. Seine Kleider waren von Kopf bis

Fuß zottig. In dem einen Mundwinkel steckte eine Stummelpfeife, aus dem andern ringelte Rauch.

„Guten Abend, Stupsnas!" sagte er.

Wigg fasste sich an die Nase und erwiderte: „Guten Abend."

„Ist jemand zu Hause?" fragte der Alte.

„Du siehst doch, dass ich zu Hause bin."

„Ja, du hast Recht. Ich habe etwas dumm gefragt. Aber drinnen bei dir ist es so dunkel, obgleich Heiliger Abend ist."

„Ich kriege ein Weihnachtsfeuer und ein Weihnachtslicht, wenn Mutter heimkommt. Ein Licht mit drei Zweigen!"

„Ach, Mutter Gertrud ist noch nicht heimgekommen, und da bist du allein und musst wohl noch ein gutes Weilchen allein bleiben. Fürchtest du dich nicht?"

„Ein schwedischer Junge!" entgegnete Wigg. Das hatte ihn Mutter Gertrud gelehrt.

„Ein schwedischer Junge!" wiederholte der Alte, rieb sich die Fausthandschuhe und nahm die Pfeife aus dem Mund. „Hör mal, Bürschchen, weißt du, wer ich bin?"

„Nein", erwiderte Wigg, „aber weißt du denn, wer *ich* bin?"

Der Alte nahm seine Pelzmütze ab, verbeugte sich und sagte: „Ich habe die Ehre, mit Wigg zu sprechen, dem unverzagten Recken der Heide, der gerade sein erstes Paar Hosen anbekommen hat, dem Helden, den selbst der längste Bart nicht schreckt. Du bist der Wigg, und ich bin der Weihnachtswichtel. Habe ich die Ehre, bekannt zu sein?"

„Oh, du bist der Weihnachtswichtel? Dann bist du ein lieber Alter. Mutter hat oft von dir erzählt."

„Vielen Dank für das Lob! Es ist jedoch so eine Sache damit. Aber, Wigg, wie wär's, willst du mit hinausfahren?"

„Das möchte ich schon, aber ich darf wohl nicht. Wenn Mutter heimkommt und ich nicht da bin – was dann?"

„Ich verspreche dir, dass du vor der Mutter wieder zu Hause sein wirst. Ein Mann steht zu seinem Wort – wie eine Frau zu ihrem Beutel. Nun komm!"

Wigg lief hinaus. Aber wie kalt draußen –

und wie dünn er angezogen war! Das Loden-
hemd spannte sich so eng um den kleinen Leib,
und die Holzschuhe hatten wieder die Hacken
der Strümpfe durchgescheuert, die Mutter
Gertrud schon so oft geflickt hatte. Der Weihnachtswichtel aber schloss die Tür, hob Wigg
in den Schlitten, hüllte die Pelzdecke um ihn,
paffte ihm eine kleine Rauchwolke in die Nase,
sodass er niesen musste, und – heidi, schon ging
es los.

Rapp und Schnapp, Hott und Flott flogen in sau-
sender Fahrt über den Schnee, und die silbernen
Schellen klangen über die Heide, als läuteten alle
Glocken des Himmels.

„Darf ich lenken?" fragte Wigg.

„Nein, dazu bist du noch zu grün hinter den
Ohren", antwortete der Wichtel.

„Mag sein", versetzte Wigg.

Bald hatten sie die Heide hinter sich und waren mitten in dem finsteren Wald, von dem Mutter Gertrud immer erzählt hatte, wo die Bäume
so hoch standen, als hingen die Sterne an ihren
Zweigen. Zwischen den Stämmen schimmerten

bisweilen Lichter von einer menschlichen Behausung. Vor einem kleinen Stall brachte der Wichtel sein Gespann zum Stehen.

Zwischen den Steinen am Fuße des Stalls lugte ein Kopf mit zwei funkelnden Augen hervor, die sich auf den Wichtel hefteten. Das war der Kopf der Ringelnatter, die sich alsbald zu einem höflichen Gruß krümmte. Der Wichtel lüftete zur Erwiderung seine Pelzmütze und hob an:

„Snik, Snok, Ringelstert,
sag mir, was das Haus ist wert."

Die Ringelnatter antwortete:

„Der Fleiß wohnt hier
als steter Gast –
drei Kühe schier,
ein Pferd für Last."

„Das ist nicht viel", sagte der Wichtel, „aber es wird sich schon mehren, wenn Mann und Frau so emsig sind. Sie haben mit leeren Händen angefangen und müssen noch ihre Eltern unter-

stützen. Na, und wie pflegen sie die Kühe und
das Pferd?"

Die Ringelnatter antwortete:

„Euter strotzend, Melkeimer füllig,
Pälle wohlgenährt und arbeitswillig."

„Noch ein Wort, Snok Ringelstert: Was hältst du
von den Kindern des Gehöfts?"

Snok Ringelstert antwortete:

„Maid und Bursch ein gefälliges Bild,
des Knaben Wesen etwas wild,
des Mädchens Art recht hold und mild."

„Sie sollen ihre Weihnachtsgaben haben", sagte
der Wichtel. „Nun gute Nacht, Snok Ringelstert,
und guten Weihnachtsschlaf!"

„Gute Nacht, ihr beiden, Rapp und Schnapp!
Gute Nacht, ihr beiden, Hott und Flott!
Gute Nacht, lieber Wichtel, behüt dich Gott!"

versetzte die Ringelnatter und zog den Kopf ein.

Hinter dem Schlittensitz stand eine Kiste. Die öffnete nun der Wichtel und holte allerlei Sachen daraus hervor, eine Fibel und ein Federmesser für den Jungen, einen Fingerhut und ein Gesangbuch für das Mädchen, ein Bund Garn, ein Rietblatt und ein Weberschiffchen für die Mutter, einen Kalender und eine Mora-Uhr für den Vater sowie je eine Brille für den Großvater und die Großmutter. Außerdem füllte er die Hände mit etwas, dem Wigg nicht ansehen konnte, was es war.

„Das sind Glück- und Segenswünsche", sagte der Wichtel.

Und dann schlich er sich mit Wigg an die Hütte heran. Da drinnen saßen alle um das prasselnde Herdfeuer, und der Vater las vom Jesuskind aus der Bibel vor. Der Wichtel legte leise und unbemerkt seine Gaben an die Tür und kehrte mit Wigg zum Schlitten zurück. Dann ging er wieder fort, weiter durch den finsteren Wald.

„Ich habe das Kind, von dem sie da drinnen in der Hütte lasen, sehr lieb", sagte der Wichtel, „aber ich will nicht verhehlen, dass ich auch den alten Thor von Thrudheim mag."

„Wer ist der alte Thor von Thrudheim?"
fragte Wigg.

„Oh, ein wahrer Prachtkerl, ein sehr weitläufiger Verwandter von mir", erwiderte der Wichtel. „Er war hart gegen die Bösen; die schlug er mit seinem Hammer. Die Ehrlichen aber und die Mutigen und die Arbeitsamen hatte er gern. Am liebsten mochte er den Bauern, der seinen Boden ordentlich bestellte und tüchtige Jungen aufzog. Wenn Gefahr das Land bedrohte, rief Thor von Thrudheim den Bauern zu: ‚Auf, ihr Männer!' Und dann griffen sie zu Schild und Schwert und sammelten sich von Berg und Tal, und der Feind widerstand nimmermehr ihren derben Hieben. – Du sollst auch ein braver Kerl werden, Wigg."

„Versteht sich", sagte Wigg.

„Aber jetzt", fuhr der Wichtel fort, „hat Thor seinen Hammer dem Jesuskind zu Füßen gelegt, denn es ist das beste, so meint er, mit Güte zu verfahren."

Als der Wichtel das nächste Mal anhielt, befanden sie sich an einer Scheune nahe einem Bauernhof.

Von der Tenne her hörte man ein dumpfes, taktmäßiges Klopfen wie von Dreschflegeln, doch dieses Geräusch wurde fast übertönt von einem Bach, der mit Steinen und Tannenwurzeln sein Spiel trieb. Der Weihnachtswichtel pochte an die Klappe der Scheunenluke, und sie sprang auf. Drinnen standen zwei lustige kleine Burschen mit buschigen Augenbrauen, runden Wangen, roten Zipfelmützen und grauen Jäckchen. Sie droschen beim Schein einer Laterne, dass der Staub nur so aufwirbelte.

Der Weihnachtswichtel nickte und sagte:

„Kobold, Kobold, Butzentrimmer,
drescht ihr auf der Tenn' noch immer?"

Die Kobolde erwiderten, während sie die Dreschflegel auf- und niederfahren ließen:

„Der Flegel dresch' und schnaufe,
klicke-klacke-klober!
Gerütteltvoller Haufe,
dichter, draller Schober."

„Aber am Heiligen Abend kann man sich doch etwas Ruhe gönnen", meinte der Wichtel.

Die Gnome versetzten:

„Das Korn recht geil,
das Brot recht rund.
Jeglicher Weil',
jegliche Stund'
hat Gold im Mund."

„Aber ihr erinnert euch doch wohl, wann und wo
wir uns treffen wollen?"

Die Gnome nickten und erwiderten:

„In einer Stund' beim Riesen vom Berg.
Nun lebe wohl, du guter Zwerg!"

Der Wichtel öffnete die Kiste, nahm die Hände
voller Weihnachtsgaben und eilte zu Vater, Mutter und Kindern auf den Hof. Unter den Gaben
war eine Soldatenbüchse; denn eine solche muss
jeder Mann zum Schutze seines Landes haben.

So ging es von Hütte zu Hütte und von Hof
zu Hof. Am behaglichsten, fand Wigg, sah es im

Pfarrhause aus, wo er zum Fenster hinein-
schaute. Dort saß der alte Pastor, den Wigg sehr
wohl kannte – war der doch mehrmals in der
Heidehütte gewesen, um zu hören, wie sich
Wigg im Fibellesen verbessert habe, und hatte
dem Jungen so manches Mal aufmunternd seine
Hand auf den Kopf gelegt. Die Pastorsfrau und
die hübschen Töchter kannte er ebenfalls; sie waren immer so nett zu Mutter Gertrud. Der
Weihnachtswichtel schätzte den Pfarrhof auch
sehr, denn hier waren die Menschen stets
freundlich zueinander, auch zu den Haustieren,
und trachteten danach, alle glücklich zu sehen.

Der Pfarrhauskobold kam aus der Scheuer
heraus und begrüßte den Weihnachtswichtel.

„Hier ist gewiss alles in gutem Schick", sagte
der Wichtel.

„Ja, hier steht es trefflich", antwortete der
Pfarrhauskobold, „aber dennoch habe ich eine
Klage vorzubringen."

„Dann lass hören!"

„Nun, Grimma, das Kälbchen, war eines Tages
im vorigen Sommer sehr traurig, als es keine
Milch mehr zu trinken bekam.

Grimma am Gatter
weinte und sprach:
Nun ist meine Mutter
für anderer Butter
gemolken – o weh!
Nun muss selber ich raufen,
den Sommer lang laufen
mit hungrigem Magen
im grasigen Hagen;
mein kleines Maul
ist schon ganz faul
vom Schnappen nach Gras auf der Weide,
in Busch, Gehölz und Heide!
Hätt' Milch gebraucht bis zum Fest noch –
ist Grimma so jung, so jung doch!"

„Wie steht es jetzt mit Grimma?" fragte der Wichtel.

„Oh, sie frisst Gras und Heu mit den andern Kühen und ist so fett, dass sie ordentlich glänzt."

„Dann gibt es ja nichts zu klagen!" sagte der Wichtel.

„Das fand ich zwar auch, aber ich habe ihr doch versprochen, dir die Sache zu erzählen."

„Und was man verspricht, muss man halten –
da hast du Recht", entgegnete der Wichtel. „Ge-
hab dich nun wohl, Pfarrhofkobold! Wir treffen
uns bald wieder."

Wie der Weihnachtswichtel und Wigg so ihre
Fahrt fortsetzten, begegnete ihnen im Walde ein
Kobold, der die Lippen hängen ließ und verdrieß-
lich dreinschaute.

„Wohin des Weges, Sippengefährte?", fragte
der Wichtel.

„Nisse wetzt sich seine Schuh' glatt,
um zu suchen andre Wohnstatt",

versetzte der Kobold.

„Weshalb denn das?" forschte der Wichtel.
Griesgrämig erwiderte der Kobold:

„Der Vater pflegt zu naschen
aus allerlei Flaschen,
die Mutter hält nichts vom Waschen,
die Kinder sind gemein
und nimmermehr fein."

„Versuche trotzdem, noch ein Jahr zu bleiben", bat der Weihnachtswichtel, „sonst geht jeglicher Hausfriede mit dir dahin. Vielleicht bessert es sich, dann kann ich im nächsten Jahr mit Gaben zu euch kommen."

„Na schön, weil du mich bittest!" sagte der Kobold und kehrte um.

Nach einer Weile hielt der Wichtel vor einem großen Gebäude, wo es aus vielen Fenstern leuchtete.

„Hier gibt es Weihnachtsgeschenke in Hülle und Fülle", sagte der Wichtel und öffnete seine Kiste.

Wigg staunte über den Zierrat, den er erblickte: Armbänder und Halsketten, Broschen, Schnallen und Spangen, Samt und Seide. Er entdeckte künstliche Blumen und roch an ihnen, aber sie hatten keinen Duft. Außerdem sah er falsche Locken und falsche Zöpfe, und über die wunderte er sich am meisten.

„Was ist das?" fragte er.

„Das ist Angelgerät", entgegnete der Wichtel und blinzelte mit einem Auge. „Mit solchem Zubehör fangen die Fräulein ihre Fische."

„Aber was ist das?" fragte Wigg weiter und zeigte auf einen goldenen Stern, den der Gutsherr am Rock tragen sollte.

„Das ist ebenfalls Fischgerät", versetzte der Wichtel.

Das konnte Wigg nicht recht begreifen; er hatte noch nie mehr als ein Fischwerkzeug gesehen, und das war eine Angelrute gewesen.

Der Wichtel steckte Wigg einen Fruchtkern in die Tasche, und das machte ihn den Augen anderer unsichtbar. Dann gingen sie die große Treppe hinauf. Dort standen Knechte und gähnten. Darauf gelangten sie in einen prächtigen Raum, von dessen Decke ein Kronleuchter herabhing. Dort saß die gnädige Frau und gähnte, während die Fräulein ein farbig ausgemaltes Bild betrachteten, das sie über das Allerwichtigste in ihrem Erdenleben unterrichtete: nämlich wie sich die Leute jüngst in Paris kleideten. Der Herr und Gebieter saß halbschlummernd, die Hände über dem Bauch gefaltet, und dachte über seine hohe Bildung nach – hatte er doch in seiner Jugend Latein gelernt, späterhin allerdings, was er gelernt, wieder vergessen. Sein Nachbar, der alte Schöffe, war dagegen ein ungebildeter Mann; der kannte nur seine Bibel und das Gesetzbuch und sonst noch ein bisschen, hatte aber – der arme Tropf – kein Latein gehabt, das er vergessen konnte.

Der Wichtel lieferte seine Gaben ab, die – mit Ausnahme des Sterns – kühl entgegengenommen wurden. Als ihn der Wichtel überreichte und sagte, es sei ein Geschenk des Königs an den Gutsherrn, stand dieser auf, verneigte sich lächelnd und sprach von der hohen Huld des Königs und seiner eigenen Unwürdigkeit. Darauf ging er in das nächstgelegene Zimmer, wo er sich unbeobachtet glaubte, stellte sich vor den Spiegel und heftete sich den Stern an die Brust. Und eins, zwei, drei – tat er einen Sprung, machte, was die Fräulein ein Battement genannt hätten, und sprach zu sich selbst: Nun habe ich mein Lebensziel erreicht! So etwas wird einem zuteil, wenn man ein braves Kind ist . . .

„Ist er denn ein Kind?" fragte Wigg.

„Gewiss ist er das", erwiderte der Wichtel.

Dann kamen sie zu einem andren, noch größeren Gebäude, wo es gleichfalls aus vielen Fenstern leuchtete. Der Wichtel lüftete seine Pelzmütze, schwenkte sie und rief: „Sie leben hoch, hoch, hoch!"

„Warum rufst du das?" fragte Wigg.

„Das erfährst du in etwa zwanzig Jahren, aber nicht jetzt", versetzte sein Reisegefährte und blickte etwas verschmitzt drein. Er öffnete seine Kiste und holte einige Bücher mit sehr schönen Einbanddecken hervor.

„Sie sind prachtvoll gebunden", sagte er, „aber was ist ihr Äußeres gegen ihren Inhalt! Sie bewahren viele der edelsten Gedanken, die von Menschen gedacht worden sind. Für den Mann und die Frau hier oben konnte ich keine besseren Weihnachtsgaben finden."

Wigg musste im Schlitten sitzen bleiben, während sich der Wichtel in das Haus begab. Von dem Denkwürdigsten, das er dort sah, erwähnte er Wigg gegenüber nichts. Ich aber weiß es und kann darüber berichten. Er sah einen Knaben, ebenso alt wie sein Begleiter, einen netten, frischen Jungen, von dem er vorausgesehen, dass er einst Wiggs getreuer Freund und verwegener Mitstreiter in künftigen Kämpfen für das Rechte,

Wahre und Gute würde. Und in einer Wiege erblickte er ein Mädchen, dessen kleiner Mund einer Rosenknospe glich. Von ihr hatte er vorausgesehen, dass sie, nachdem sie einst verheiratet wäre, Wigg ihren lieben, guten Mann nennen würde.

Nun fuhren sie zum königlichen Schloss, das noch viel größer war als das Haus des Gutsherrn.

„Hier habe ich einige Geschenke für den Königssohn abzugeben", sagte der Wichtel, „und das muss in größter Eile geschehen, denn anschließend müssen wir zu meinem König, dem Bergkönig, fahren, und dann geht es zurück zu Mutter Gertrud auf der Heide."

Noch einmal wurde die Kiste geöffnet, und was Wigg nun zu sehen bekam, übertraf alles andere. Auf einer großen silbernen Platte standen Tausende von Kriegern zu Fuß und zu Pferde. Wenn man an einer Kurbel drehte, präsentierten sie das Gewehr und schwenkten bald nach rechts, bald nach links, die Pferde bäumten sich, und die Reiter hieben mit den Schwertern. Auf einer anderen Platte, die das Meer darstellte, sah man Schiffe mit Geschützen, und wenn man an der Kurbel drehte, schossen die Geschütze auf eine Festung, und die Festung erwiderte die Salven mit ihren Kanonen. Die dritte der silbernen Platten aber war die merkwürdigste von allen. Da waren Häuschen in großer Menge zu sehen, von Wiesen und Äckern umgeben, und Hunderte von Menschen, drinnen und draußen, alle so klein, dass man sie nur durch ein Vergrößerungsglas ganz deutlich erkennen konnte. Aber was man da auch alles sah! Schnitter, Müller, Schmiede, Weber, Schneider, Schuster, Maurer, Zimmerleute, Tischler und vielerlei Gewerbetreibende mehr, alle bei emsiger Arbeit. Man sah ihre Frauen, wie sie Tische deckten und ihren spielenden Kindern zur Mahlzeit winkten. Aber man sah auch bleiche, hungrige Kinder und klagende Mütter, die ihren Kleinen kaum etwas zu essen geben konnten.

Mit diesen erstaunlichen Spielsachen eilte der Wichtel zu dem Königssohn hinauf.

„Mein Prinz", sagte er, „richte deinen Blick nicht nur auf die Soldaten und die Kriegsschiffe! Sieh auch auf das arbeitende Volk! Segne es in deinen Gebeten zu Gott! Und wenn du einst König wirst, so setze dir als höchstes Ziel, des Volkes Wohl zu mehren und seine Leiden zu mindern! Der höchste Richter wird dir am Tage der Abrechnung sagen: Was du getan hast einem unter diesen meinen geringsten Brüdern, das hast du mir getan."

Der Wichtel war bald wieder unten. Rapp und Schnapp, Hott und Flott schnaubten und wieherten. Der Wichtel ergriff die Zügel, setzte sich neben Wigg in den Schlitten und jagte in sausender Fahrt abermals durch den finstern Wald.

„Wohin fahren wir jetzt?" brummelte Wigg.

„Zum Bergkönig", lautete die Antwort.

Wigg war ernst geworden und sagte nach einer Weile des Schweigens: „Ist deine Kiste jetzt leer?"

„Beinahe", antwortete der Wichtel und steckte sich die Stummelpfeife in den Mund.

„Alle andern haben nun Weihnachtsgeschenke bekommen. Hast du denn keins für mich?" fragte Wigg.

„Ich habe auch dich nicht vergessen. Dein

Weihnachtsgeschenk liegt noch auf dem Boden der Kiste."

„Zeige es mir bitte, lieber Wichtel."

„Du kannst warten, bis du zur Mutter heimkommst."

„O nein, guter Wichtel, lass es mich jetzt sehen!" entgegnete Wigg ungeduldig.

„Na, dann schau dorthin!" sagte der Wichtel, indem er sich im Schlitten umwandte und aus der Kiste ein Paar dicke Wollstrümpfe hervorzog.

„Nichts Anderes?" brummelte Wigg.

„Sollten die Strümpfe nicht willkommen sein? Du hast doch Löcher in den deinen!"

„Die könnte Mutter stopfen. Wo du dem Königssohn und all den andern so schöne und lustige Sachen gebracht hast, hättest du mir auch so etwas geben können."

Der Wichtel erwiderte nicht ein Wort, sondern legte die Strümpfe in die Kiste zurück. Indes tat er nun tiefere Qualmzüge aus der Pfeife als vorher und sah gleichfalls ernst aus.

So ging die Fahrt unter Schweigen weiter. Wigg ließ keinen Mucks hören, schob nur die Lippen vor; er beneidete den Königssohn um die

schönen Weihnachtssachen und war ärgerlich
über die Wollstrümpfe. Der Wichtel schwieg und
paffte aus beiden Mundwinkeln. Die Tannen aber
rauschten, die Waldbäche murmelten, und der
Schnee knirschte unter den Hufen der Pferdchen.
Am Waldrand lief ein Irrlicht dahin und beleuchtete die Fahrt; aber das war unnützer Aufwand,
denn die Sterne und der Harschschnee gaben
hinreichend Licht.

Dann kamen sie an einen senkrecht aufstre-
benden Berg. Dort stiegen sie aus dem Schlitten.
Der Wichtel gab jedem Pferdchen seinen Hafer-
kuchen. Darauf klopfte er an die Felswand und sie
öffnete sich. Er nahm Wigg an die Hand und trat
mit ihm in die Spalte. Aber sie waren noch nicht
viele Schritte gegangen, als den Jungen Furcht
überkam.

Dort drinnen war es aber auch schauerlich. Es
würde die schwärzeste Nacht geherrscht haben,
wenn nicht hier und da durch das Dunkel die
glühenden Augen der Kreuzottern und Giftkrö-
ten geschimmert hätten, die sich an den feuchten Vorsprüngen der Felsen schlängelten oder
dort umherkrochen.

„Ich will heim zu Mutter!" schrie Wigg.

„Ein schwedischer Junge!" sagte der Wichtel.

Da verstummte Wigg.

„Wie gefällt dir die Kröte dort?" fragte der Wichtel, nachdem sie ein Stück gegangen waren, und zeigte auf ein grünes Scheusal, das auf einem Stein hockte und den Jungen mit seinen runden Augen unverwandt anblitzte.

„Sie ist abscheulich!" versetzte Wigg.

„Die hast du dorthin gebracht", sagte der Wichtel. „Siehst du, wie aufgedunsen und aufgeblasen sie ist? Das kommt von Unbescheidenheit und Neid."

„*Ich* habe sie dorthin gebracht, sagst du?"

„Ja, sicher! Du hast den Königssohn um seine Geschenke beneidet und die Gabe verschmäht, die ich dir freundlichen Herzens bescheren wollte. Für jeden bösen Gedanken, der bei einem in dieser Gegend wohnenden Menschen genährt wird, kommt eine Kröte oder eine Kreuzotter hier durch die Spalte herein."

„Oh, wie eklig!" entfuhr es Wigg, und dann schämte er sich.

Sie gingen in vielen Windungen weiter und

gelangten immer tiefer in den Berg hinein. Allmählich wurde es heller, und als sie um eine Ecke bogen, erblickte Wigg voller Staunen einen großen, glänzenden Saal.

Die Wände waren aus Bergkristall, und an drei Seiten standen grinsende Zwerge; sie hielten Fackeln, deren Schein sich in den Regenbogenfarben an den Kristallen brach. An der vierten Wand saß der Bergkönig auf seinem goldenen Thron. Er war in einen mit Edelsteinen übersäten Mantel von Asbest gekleidet, sah jedoch traurig aus. Auf einem Thron zu seiner Seite saß seine Tochter, in silbernen Tüll gehüllt, und sie war noch trübsinniger, ja sie schien dem Sterben nahe. Sehr bleich und ungemein schön war sie.

Mitten im Saal hing eine riesige Waage, und um sie herum standen kleine Bergtrolle, die bald etwas in die eine, bald etwas in die andere Waagschale legten.

Vor dem Thron des Königs aber stand ein unübersehbarer Schwarm von Wichtelmännchen aus allen Hütten und Gehöften im Umkreis mehrerer Meilen, und sie berichteten über alles, was die Menschen, in deren Häusern sie sich aufhielten, im Laufe des Jahres gedacht, gesagt und getan hatten. Und für jeden guten Gedanken und jede gute Tat, die sie erwähnten, legten die Bergtrolle goldene Gewichte in die eine Waagschale, während sie für jeden bösen Gedanken oder jede böse Tat, die genannt wurden, eine Kreuzotter oder Kröte in die andere legten.

„Weißt du, Wigg", flüsterte der Weihnachtswichtel, „die Sache ist die, dass die Prinzessin krank ist. Sie muss sterben, wenn sie nicht bald aus dem Berg hinauskommt; sie sehnt sich danach, die Luft des Himmels zu atmen und das Gold der Sonne und der Sterne zu sehen. Denn sie hat die Verheißung, dass sie, wenn sie den Himmel erblickt, auch der Engel ansichtig werden und ewige Glückseligkeit erlangen kann. Nun schmachtet sie und sehnt sich, aber aus dem Berg hinaus kommt sie doch erst an dem Weihnachtsabend, an dem die Waagschale des Guten bis auf den Boden gesunken und die des Bösen bis an die Decke gestiegen sein wird. Jetzt siehst du jedoch, dass die beiden Schalen ziemlich gleich stehen."

Kaum hatte der Weihnachtswichtel dies gesagt, als auch er vorgerufen wurde, um Bericht zu erstatten. Er hatte nicht wenig zu vermelden, und es war fast durchweg Gutes, denn die Beobachtungen, die er gemacht hatte, erstreckten sich nur auf die Weihnachtstage, und an dem Tag, da die Erinnerung an die Geburt des armen Kindes gefeiert wird, das durch seine Unschuld und Güte zum König aller Zeiten geworden ist, pflegen ja die Menschen freundlicher zueinander zu sein als sonst.

Und die Trolle legten immer mehr goldene Gewichte auf die Waage, je weiter der Weihnachtswichtel in seinem Bericht fortschritt, sodass die Waagschale des Guten zusehends schwerer wurde.

Wigg stand indessen wie auf Nadeln, denn er fürchtete, dass sein Name fiele, und er zuckte zusammen, errötete und erbleichte, als der Wichtel schließlich seinen Namen nannte. Was das zottige Männlein da über Wigg und die Wollstrümpfe sagte, will ich dem Jungen zuliebe nicht wiederholen; aber ich kann auch nicht verschweigen, dass einer der Trolle in die Waagschale des Bösen jene grüne Kröte legte, die

Wigg vorher in der Bergspalte gesehen hatte, und sie wog ziemlich schwer. Aller Augen – außer denen des guten Wichtels, die anderswohin blickten – richteten sich auf Wigg, die des Königs, die der Königstochter, die der Wichtelmänner, die der Zwerge, die der Kobolde, und all diese Augen waren entweder so streng oder so traurig, die der Königstochter insbesondere aber so sanft und kummervoll, dass Wigg beide Hände vor das Gesicht schlug und nicht aufblicken mochte.

Der Weihnachtswichtel erzählte nun jedoch, wie die arme Mutter Gertrud auf der Heide den verwaisten kleinen Wigg aufgenommen habe, wie sie Teppiche flechte und Besen binde und sie bei dem Krämer im Dorf verkaufe, um Brot für den Jungen zu schaffen, wie sie für ihn nähe und seine Kleider flicke, wie sie mit Lust und Liebe arbeite und um seinetwillen Entbehrungen leide, wie sie sich über sein frisches Wesen, sein mutiges Herz, seine blühenden Wangen und seine treuherzigen Augen freue und wie gern sie ihm seine Jungenstreiche verzeihe – ja, jeden Abend, ehe sie einschlafe, bete sie für ihn zu Gott, und am heutigen Morgen sei sie bei dem bitterkalten

Winterwetter den weiten Weg zum Dorf gegangen, nur um ihn am Abend mit Zweiglicht und anderen kleinen Gaben erfreuen zu können.

Und während der Wichtel so sprach, legten die Trolle schwere goldene Gewichte in die Waagschale des Guten. Die hässliche grüne Kröte hüpfte zur Erde und verschwand in der Spalte, die Augen der anmutigen Königstochter wurden feucht, und Wigg schluchzte laut ...

Ja, er schluchzte sogar im Schlaf, als der Saal des Bergkönigs mit allem, was sich darin fand, verschwunden war. Wigg lag in seinem Bett in der Heidehütte, wo ihm der Weihnachtswichtel nach beendeter Reise gute Nacht gesagt hatte – obgleich Wigg da so schläfrig gewesen war, dass er es nicht gehört hatte. Im Herd prasselte, als er erwachte, das hellste Weihnachtsfeuer, und über ihn beugte sich Mutter Gertrud und sagte:

„Armer kleiner Wigg, musstest du so lange hier im Dunkeln allein bleiben! Ich konnte nicht früher kommen, der Weg ist so weit. Aber nun habe ich ein Zweiglicht und ein Weizenbrot und Pfeffergebäck mitgebracht und auch einen Kuchen, den du morgen den kleinen Vögeln geben kannst. – Und sieh hier", fügte Mutter Gertrud hinzu, „hier hast du ein Paar Wollstrümpfe, die ich als Weihnachtsgabe für dich gestrickt habe, denn die brauchst du kleiner Reißteufel jetzt am dringendsten. Und hier hast du ein Paar Lederschuhe, die ich gekauft habe, damit du während des Weihnachtsfestes nicht in Holzschuhen herumzutapsen brauchst."

Wigg hatte sich schon lange ein paar Lederschuhe gewünscht, und nun musterte er sie mit frohen Augen von allen Seiten. Noch länger jedoch betrachtete er die Wollstrümpfe, sodass Mutter Gertrud glaubte, er suche nach einer fehlerhaften Masche in ihnen. Der wahre Grund aber war, dass Wigg fand, sie glichen aufs Haar denen, die er in der Kiste des Wichtels gesehen hatte. Darauf schlang er seine Arme um Mutter Gertruds Hals und sagte: „Dank, Mutter, für die Strümpfe und für die Schuhe – und nochmals Dank für die Strümpfe!"

Dann wurde der Topf auf den Herd gesetzt, eine weiße Decke über den Tisch gebreitet und das Zweiglicht angezündet. Wigg lief in den neuen

Schuhen und Strümpfen umher. Bisweilen blieb er am Fenster stehen, blickte versonnen auf die Heide hinaus und rätselte darüber, wie seine Heimfahrt wohl vor sich gegangen sein mochte. Der Weihnachtswichtel war jedenfalls ein lieber Mann und Mutter Gertrud eine liebe Frau, das war ihm klar geworden, – und der Weihnachtsabend ein wunderbarer Abend, das wusste er nun.

Draußen strahlten tausend Sterne auf die stille Heide herab. Und in der einzigen Hütte der Heide herrschten Herdwärme, Herzenswärme und Freude.

Julbock und Jultomte
Der schwedische Weihnachtsmann

Der schwedische Weihnachtsmann hat eine lange und abwechslungsreiche Geschichte. Das älteste Weihnachtssymbol in Schweden ist der Julbock, der Weihnachtsbock, der ursprünglich als Verkörperung des Bösen in mittelalterlichen Nikolauszügen auftrat. Mit der Zeit verlor der verkleidete Bock seinen bedrohlichen Charakter und wurde zur Hauptfigur kleiner Weihnachtsaufführungen, mit denen Jugendliche auf den Bauern- und Herrenhöfen um Bewirtung baten. Im 18. Jahrhundert übernahm der Julbock die Aufgabe, an Heiligabend die Weihnachtsgaben zu verteilen. Diese

Funktion geht schließlich Ende des 19. Jahrhunderts auf den Jultomte, den Weihnachtswichtel über.

In Viktor Rydbergs Erzählung vom kleinen Wigg verteilt zum ersten Mal in der schwedischen Literatur ein Wichtel am Weihnachtsabend Geschenke. Viktor Rydberg ersetzt den traditionellen Julbock durch einen menschenähnlichen Weihnachtsboten, der in der Rolle des Weihnachtsmannes als Schenkender und Vertrauter der Kinder an die katholische Tradition des Sankt Nikolaus erinnert.

Mit dem Namen Jultomte knüpft der Weihnachtswichtel aber zugleich auch an den nordischen Volksglauben an. Der Tomte ist der schwedische Hof- und Hauswichtel, der unter den Menschen lebt und, solange er mit Respekt behandelt wird, für das Wohlergehen des Hofes und der Tiere sorgt. Der Jultomte, so wie er nun als Weihnachtsmann oder Weihnachtswichtel in der schwedischen Weihnacht allgegenwärtig ist, ist also eine Mischung aus Julbock, Tomte und Sankt Nikolaus. Er erscheint bis heute in der Gestalt, die ihm die Illustratorin Jenny Nyström Mitte der 1880er Jahre *auf unzähligen Bildern, Postkarten und Weihnachtszeitungen verliehen hat: in grauer Jacke, roter Zipfelmütze und mit weißem Rauschebart. Aber auch der alte Julbock nimmt noch immer an der schwedischen Weihnacht teil. Als Strohfigur steht er auf dem Weihnachtstisch oder unter dem Weihnachtsbaum.*

Viktor Rydberg

Der Tomte

Die Weihnachtsnacht ist kalt und streng,
die Sterne funkeln sacht.
Der Hof liegt einsam in tiefem Schlaf
inmitten der dunklen Nacht.
Still wandert der Mond seine Bahn,
der Schnee leuchtet weiß auf den Tannen,
der Schnee leuchtet weiß auf dem Dach.
Nur der Tomte ist wach.

Steht dort an der Tür zum Stall,
grau gegen die weißen Flocken,
lässt, wie in jedem Winter,
vom Mondenschein sich locken,
schaut zum Wald, wo die Tannen

dunkel den Hof umschließen,
grübelt, oft schon vergebens,
über das Rätsel des Lebens.

Fährt mit der Hand durch Bart und Haar,
schüttelt den Kopf mit der Mütze –
„Nein, das Rätsel ist zu schwer,
mein Wissen ist hierzu nicht nütze." –
vertreibt wie gewöhnlich bald
diese zweifelnden Fragen,
geht los, will nicht länger ruh'n,
geht los, seine Arbeit zu tun.

Geht zum Vorratshaus und Schuppen
rüttelt an allen Türen –
die Kühe, träumend im Mondeslicht,
können den Sommer schon spüren;
ohne Geschirr und Peitsche und Zaum
hat auch Palle einen Traum:
die Krippe, auf die er schaut,
füllt sich mit duftendem Kraut. –

Geht zum Gehege für Ziege und Bock,
und weiter in den Stall zu den Schafen,

geht zu den Hühnern, die aufgereiht
auf ihrer Stange schlafen;
Karo erwacht im Heu seiner Hütte,
und wedelt sacht mit dem Schwanz,
Karo ist nicht auf der Hut,
er kennt seinen Tomte gut.
Der Tomte schleicht sich schließlich
zum lieben Hausvolk hin,
lange schon hat er bemerkt,
ihren fleißigen, ehrlichen Sinn;
er erreicht die Kammer der Kinder auf Zehen,
um die süßen Kleinen zu sehen,
solange er denkt zurück,
liegt hier sein größtes Glück.

So hat er gesehen Vater und Sohn
immer und immer wieder
als Kinder schlummern; aber woher
kommen sie auf die Erde nieder?
Geschlecht folgte bald auf Geschlecht,
erblühte, alterte, ging – nur wohin?
Das Rätsel beschäftigt ihn sehr,
und ist doch allzu schwer!

Der Tomte stapft auf den Scheunenboden,
dorthin, wo er wohnt und lebt,
hoch unter den Balken im Duft des Heus,
wo die Schwalbe ihr Nest gewebt;
jetzt ist das Schwalbennest leer,
doch im Frühjahr, wenn alles erblüht,
dann kommt sie sicher wieder,
im neuen Frühlingsgefieder.

Dann hat sie viel zu zwitschern,
über die weite Welt,
doch nichts über das große Rätsel,
das den Tomte im Banne hält.
Durch einen Spalt in der Scheunenwand
hat sich das Mondlicht gesenkt,
ein Streifen glänzt auf seinem Bart,
der Tomte grübelt und denkt.

Still liegen Wald und Natur,
das Leben da draußen ist gefroren,
nur vom fernen Wasserfall
tönt leise ein Rauschen in den Ohren.
Der Tomte lauscht und, halb im Traum,
glaubt er den Strom der Zeit zu hören,

fragt sich, wohin er rinnt,
fragt sich, wo die Quelle entspringt.

Die Weihnachtsnacht ist kalt und streng,
die Sterne funkeln hell.
Der Hof liegt einsam in tiefem Schlaf
der Morgen kommt nun schnell.
Der Mond senkt seine stille Bahn,
der Schnee leuchtet weiß auf den Tannen,
der Schnee leuchtet weiß auf dem Dach.
Nur der Tomte ist wach.

ALFRED SMEDBERG

Die Trolle und der Koboldjunge

In dem Vorratshaus des kleinen Bauernhofes am
Waldrand wohnten drei kleine Kobolde, Tjarfa,
Torgus und Tjovik. Sie waren kaum mehr als eine
Viertelelle lang und gehörten einem alten Ko-
boldgeschlecht an, das schon über neunhundert
Jahre auf dem Hof lebte. Das Anwesen hatte viele
Male den Besitzer gewechselt. Die alten Men-
schen waren fortgegangen, und an ihrer Stelle
waren neue gekommen. So war es Geschlecht auf
Geschlecht Jahrhunderte hindurch gewesen.
Aber die Koboldfamilie blieb treu wohnen, und
die Würde des Großkobolds oder Hauskobolds

auf dem Hof vererbte sich vom Vater auf den Sohn.

Es war Weihnachtsabend und großer Fest-schmaus dort unten im Vorratshaus. Der alte Koboldvater, Tjarfa Jovikson, wurde in der Weih-nachtsnacht fünfhundert Jahre alt, und deshalb wurde gleichzeitig Geburtstags- und Weih-nachtsschmaus gehalten. Er war trotz seines hohen Alters munter und rüstig, hatte die Haus-herrengewalt aber kürzlich seinem Sohn, Torgus Tjarfason, übergeben, einem Dreihundertjähri-gen im Vollbesitz seiner Kräfte. Nun lebte der Alte auf dem Altenteil zwischen ein paar Mehl-fässern in einer Ecke des Vorratshauses.

Der jüngste kleine Kobold, Tjovik Torgusson, war ein Knirps von nur hundert Sommern. Er hatte noch keinen Bart und reichte dem Vater kaum bis zur Achselhöhle.

Der kleine Hof lag sehr schön zwischen Wie-senstreifen und mit Laubwald bedeckten Hügeln. Zur einen Seite breiteten sich die Äcker aus, aber die andere Seite bedeckte dichter, dunkler Wald.

Ein Stück im Wald lag der steile, felsige Fuchsberg, und dort wohnten die Trolle Jåmpa und Skimpa. Jåmpa war der Trollkönig und lebte im Berg, und Skimpa war seine Frau. Lange bevor die Menschen in das Land gekommen waren, hatten sie schon dort gewohnt, sie waren viertausend Jahre alt.

Zwischen den Kobolden und den Trollen hatte zu allen Zeiten bittere Feindschaft geherrscht. Die Trolle waren groß, stark, böse und dumm, die Kobolde waren klein wie Puppen, aber freundlich und sehr klug. Die Trolle wollten den Leuten auf dem Hof nur Böses zufügen, und das konnten die Kobolde nicht zulassen. Deshalb gab es ständig Streit zwischen ihnen. Manchmal hatten die Kobolde die Oberhand, manchmal die Trolle. Anders kann es nicht sein, wenn sich Kraft und Verstand bekämpfen. Doch wer den Sieg davontrug, hing meistens von den Menschen ab, die auf dem Hof wohnten.

Jetzt war also großer Festschmaus im Vorratshaus. Alle Kobolde aus der Gegend waren eingeladen, und es ging fröhlich und lebhaft zu. Das Vorratshaus war reichlich versehen mit allerlei Esswaren. Es gab Äpfel und Würzbrot und Schinken und Wurst auf dem kleinen Tisch, einer umgedrehten Zuckerkiste. Die Leute auf dem Hof wussten sehr gut, wie vorsichtig die Kobolde waren und dass sie niemals auch nur ein Körnchen unnötigerweise verschwendeten.

„Großvater, jetzt musst du Geschichten von Skimpa und Jåmpa erzählen", sagte Tjovik.

Und er krabbelte auf den Schoß des Alten und streichelte seinen langen weißen Bart.

„Jaja, mein Kleiner", sagte der Großvater fröhlich. „Sitz nur still jetzt, dann sollst du von alten Zeiten hören."

Alle Kobolde setzten sich auf ihren Plätzen zurecht. Einige lagen halb auf dem Fußboden, die Hand unter der Wange, andere saßen auf umgedrehten Anchovisdosen und baumelten mit den Beinen.

„Jaja", begann der alte Tjarfa, „ihr werdet sehen, vor achthundert Jahren, als mein Großvater Tarja Torgusson in seinen besten Jahren war, da war Leben da oben auf dem Fuchsberg. Das war zu der Zeit, als das Christentum im Land eingeführt werden sollte und die Leute dort in der Ebene eine Kirche bauten. Aber davon wollten die Trolle natürlich nichts wissen, und so rissen sie jede Nacht nieder, was die Leute am vorhergehenden Tag gebaut hatten."

„Aber die Kirche wurde jedenfalls gebaut", sagte der kleine Tjovik.

„So ist es, mein Junge, und Tarja, mein alter Großvater, hat den Leuten dabei geholfen. Er nahm eine Tüte mit Asche, wisst ihr, und kletterte auf einen Baum neben dem Felsen. Als dann die Trolle in der Nacht herauskamen, um Steine zu sammeln, die sie anschließend auf die Kirche werfen wollten, blies er ihnen Asche in die Augen."

„Und da konnten sie die Kirche natürlich nicht sehen", riefen die Kobolde entzückt.

„Nein, das konnten sie nicht. Das war vielleicht ein Geheul und Geschrei bei den Trollen, als sie ihre Blöcke auf gut Glück werfen mussten und kein einziger traf."

„Armer Jåmpa", kicherte der Koboldjunge.

„Nun, da wurde die Kirche also fertig", fuhr der alte Tjarfa fort. „Der Bischof weihte sie, und danach konnten die Trolle ihr nicht mehr schaden. Aber umso schlimmer hausten sie im Wald unter Mensch und Tier. Damals gab es Wölfe und

Bären, die von den Trollen auf das Vieh der Bauern gehetzt wurden. Und Großvater musste ständig hin und her flitzen, um den armen Leuten zu helfen."

„Haben die Trolle ihn nie erwischt?" fragte Tjovik.

„Doch, viele Male hatten sie ihn drinnen im Berg, aber er hat es immer verstanden, sie an der Nase herumzuführen und zu entwischen. Manchmal kam er schmutzig und mit zerrissenen Kleidern nach Hause, aber manchmal brachte er soviel Gold mit, wie er tragen konnte."

„Haben die Trolle Gold im Berg?" fragte der Junge verwundert. Da fingen die anderen Kobolde so herzlich an zu lachen, dass ihre Bärte hüpften.

„Man merkt, dass du noch ein Kind bist, kleiner Tjovik", sagten sie. „Sonst wüsstest du wohl, dass der Berg voller Ringe und Spangen und anderem Goldschmuck ist."

„Los!" rief der kleine Kobold entzückt. „Wollen wir nicht versuchen, ein wenig von den Schätzen nach Hause zu schaffen? Die armen Leute hier in der Gegend könnten schon ein bisschen Flitterkram gebrauchen, um sich daran zu erfreuen."

„Nein, nein, mein Kleiner", sagte der Vater verdrießlich. „Das Gold, das die Menschen von den Trollen bekommen, wird nie zum Segen. Es weckt nur Hochmut, Faulheit und Verschwendung, Streit, Schlägereien und Feindschaft. Das begriff mein Großvater schnell, und deshalb haben sowohl mein Vater und ich als auch alle anderen Kobolde hier in der Gegend das Berggold in Ruhe gelassen."

„Ja, es ist wohl auch nicht so leicht, da heranzukommen", meint Tjovik.

„Doch, in solch einer Nacht wie dieser geht es ziemlich leicht", antwortete der alte Großvater. „In der Weihnachtsnacht holen die Trolle ihre Schätze hervor, um sie zu zählen, und dann sind sie so eifrig dabei, dass sie nichts hören und nichts sehen."

„Aber wie kommt man in den Berg?" fragte der Koboldjunge.

„In der Weihnachtsnacht gehen die Türen des Berges von selbst auf", antwortete der Alte. „Aber wehe dem Armen, der dort bleibt, bis die

Glocken zum Frühgottesdienst läuten. Dann bekommen die Trolle Gesicht und Gehör zurück,
und dann wird man erwischt."

„Und ist dein Vater auch mal mit den Trollen
in Streit geraten, Großvater?"

„Jovik Tarjason! Ja, das will ich meinen. Einmal hing sein Leben nur an einem Faden. Das
war, als er auf dem Ochsen aus dem Berg ritt."

„Wie war denn das? Lieber Großvater, erzähl,
erzähl."

„Ja, also Skimpa hatte dem Bauern auf dem
Hof hier einen Ochsen gestohlen. Mein Vater
wurde natürlich wütend und schlich sich in den
Berg hinein. Das ging wunderbar, denn die Trollalte hatte vergessen, die Tür zu schließen. Da
stand Jåmpa mit einer Axt vor dem Ochsen und
wollte ihn schlachten. Na, mein Vater, der war
nicht bange. Er kletterte am Schwanz auf den
Ochsen hinauf und stach ihn mit einer Steckna-
del in den Rücken. Heisa! Der Ochse machte einen Sprung und stieß Jåmpa und Skimpa mit
den Hörnern, sodass alle beide auf den Rücken
fielen. Und dann sauste der Ochse zur Tür hinaus,
mit Vater auf dem Rücken."

Die Kobolde lachten so, dass zwei kleine Kobolde von den Anchovisdosen herunterkullerten.

„Na, und du, Großvater? Bist du einmal im Berg gewesen?" fragte Tjovik.

„Viele Male. Aber ich habe niemals etwas Anderes von den Trollen genommen als das, was sie den Leuten geraubt hatten. Einmal kam ich mit knapper Not mit dem Leben davon. Ich verlor die Zipfelmütze und die Holzschuhe und kam schwarz wie ein Schornsteinfeger nach Hause."

„Wie bist du denn so schwarz geworden, Großvater?"

„Ja, ich musste doch durch den Schornstein hinaus, weil alle Türen verschlossen waren."

„Da warst du genauso schlimm dran wie mein Bruder vor ein paar Jahren", sagte einer der Kobolde.

„Wie war denn das mit ihm, Onkel?" fragte Tjovik.

„Ja, er wollte das geraubte Hütemädchen vom Granhultabauern suchen und war noch im Berg, als der Hahn krähte und alle Türen zuschlugen. Es blieb ihm nichts Anderes übrig, als sich in die Bergquelle zu werfen und sich von dem

Strom tragen zu lassen, der unter der Erde fließt. Du weißt, dass der Bach, der hier am Hof vorbeiführt, im Berg seine Quelle hat. Der Ärmste hatte keinen trockenen Faden am Leib, als er nach Hause kam."

Der kleine Kobold hörte dies alles mit größtem Interesse. Er wollte den Trollen zu gern einen Armreifen oder eine Goldkette wegschnappen und sie Anna-Lisa geben, der ältesten Tochter im Haus, die bald getraut werden sollte. Sie war zu allen freundlich, und Tjovik wollte ihr etwas Gutes tun.

Schließlich wurden alle müde. Die Gäste gingen nach Hause. Der Großvater bettete sich auf einem alten Handschuh zur Ruhe, der in einer Ecke herumlag, und Torgus und Tjovik legten sich auf ein Katzenfell zwischen ein paar Zuckerkisten.

Aber der kleine Kobold konnte nicht einschlafen. Er lag nur da und grübelte darüber nach, wie er Anna-Lisa ein Schmuckstück aus dem Berg beschaffen könnte, nur ein einziges. Das konnte ihr doch nicht schaden? Die Menschen wurden wohl nur böse, wenn sie zuviel Gold bekamen.

Schließlich stand er auf, setzte die Zipfelmütze auf und zog die Holzschuhe an, ergriff seinen kleinen Stock und begab sich in den Wald hinaus.

Die Nacht war still und dunkel. Kein Stern blinkte am Himmel, und aus den Häusern des Dorfes fiel kein einziger Lichtschein. Alles schlief den tiefen, ruhigen Mitternachtsschlaf, nur vom Wald her ertönte ein paar Mal das langgezogene Heulen eines Fuchses.

Der kleine Kobold trippelte rasch weiter. Er hatte keine Angst vor der Dunkelheit und kümmerte sich nicht um den Fuchs. Mit dreidaumenlangen Beinen ist man nicht besonders schnell, aber der Knirps konnte drei Schritte machen, wenn ein Mensch einen tut, und deshalb kam er auf jeden Fall vorwärts. Nach einer Stunde war er am Fuß des Fuchsberges.

Hu, wie felsig und steil und hoch er aufragte! Kein einziger Lichtstreifen drang aus den Felsspalten, aber von innen war Klingen und Rasseln zu hören, als ob jemand mit Gold- oder Silbergeld klapperte.

Warte nur, sagte der kleine Kobold und begann den Berg hinaufzuklettern.

Es ging nicht schnell, aber es ging immerhin. Manchmal rutschte er ein Stück zurück, aber er griff von neuem zu und kam immer höher hinauf. Keuchend und verschwitzt gelangte er von Klippe zu Klippe, von Felsblock zu Felsblock, schwang sich von einem Absatz auf den anderen und war bald auf halber Höhe. Aus einem Gehölz in der Nähe ertönte der Schrei einer Eule, aber Tjovik ließ sich nicht schrecken. Er wollte klettern, bis er eine Öffnung fand, durch die er zu den Trollen hineinkommen konnte.

Da sah er schließlich aus einem kleinen Spalt im Felsen einen Lichtschein. Er steckte seinen Stock in den Spalt und drückte ihn zur Seite. Die Türangeln mussten wohl gut geölt worden sein, denn die Tür ging sacht auf, ohne dass ein Laut zu hören war.

Der Knirps kam jetzt in einen großen Saal, Wände und Decke waren aus schwarzem, rauem Gestein. Hier und da lagen Knochen großer Tiere auf dem Boden, und an den Wänden hingen rostige Waffen.

„Hu, hier ist es unheimlich", sagte der Kobold-Knirps und ging weiter.

Da kam er an eine neue Tür, die aus Kupfer zu sein schien. Sie ging genauso leicht auf wie die erste, und nun gelangte Tjovik in einen neuen Saal. Hier lagen Haufen von Silbergeld an den Wänden, aber kein einziges lebendes Wesen war zu sehen.

Der Koboldjunge blieb verwundert stehen und schaute auf die Silberhaufen.

„Hier könnte ich mir ja schon Geld für eine Uhr beschaffen, an der mein braver Bauer seine Freude hätte", sagte er. „Aber halt. Was ist das für ein Klingen hinter dieser Silbertür. Ich möchte doch wissen, was sie da drinnen machen . . ."

Er ging leise auf die Silbertür zu und öffnete sie. Und was bekam er zu sehen! Mitten auf dem Fußboden stand eine offene Kiste, und neben ihr saßen zwei schreckliche Trolle und klirrten mit Goldringen, Armbändern, Perlen und Edelsteinen. Sie waren so damit beschäftigt, ihre Schätze in der Kiste zu zählen, dass sie es weder hörten noch sahen, als Tjovik hereinkam.

An der einen Seite des Saals befand sich eine Quelle, aus der das Wasser unter die Wand und in die Erde strömte. Am Rand lag ein geborstener

Holzschuh, der mit einer Schnur an der Wand festgebunden war, dass er nicht fortschwimmen konnte.

Diesen unförmigen Holzschuh hat Skimpa in die Quelle gesetzt, damit der Riss dicht wird, sagte Tjovik zu sich selbst. Wer weiß, ob ich nicht in diesem Boot von hier fortsegle, falls die Türen geschlossen werden sollten.

Leise und vorsichtig ging er zu der Kiste. Aber die war so hoch, dass er nicht bis zum Rand reichte. Er reckte und streckte sich, so sehr er konnte, und im gleichen Augenblick, da . . ., ja, nun sollt ihr es erfahren.

Jåmpa und Skimpa mussten auf einmal niesen. Du meine Güte, so stark, dass der Berg erdröhnte! Der Luftzug war so kräftig, dass der kleine Kobold wie ein Handschuh durch die Luft flog und kopfüber auf das Gold in der Kiste fiel.

Ach, nun geht doch alles schief, dachte Tjovik und umklammerte den Stock, um sich gegen die Trolle zu verteidigen.

Doch die dummen Wesen hatten ihn nicht gesehen. Sie zählten und zählten nur. Der Knirps sah sich zwischen all dem Gold um. Und er wählte eine Kette aus, die gerade lang genug als Halskette war, und versuchte dann auf den Rand der Kiste zu klettern, um von dort auf die Erde springen zu können.

Da begannen im gleichen Augenblick die Kirchenglocken zum Frühgottesdienst zu läuten. Beide Trolle sprangen auf und stopften sich die Finger in die Ohren. Alle Türen des Berges fielen ins Schloss, und der Kistendeckel schlug über dem Gold und dem kleinen Kobold zu.

Ja, da saß er nun wie eine Maus in der Falle. Aber er gehörte nicht zu denen, die gleich den Mut verlieren.

Wenn ich nur die Trolle dazu bringen kann, die Kiste wieder zu öffnen, dann wird sich schon Rat finden, dachte er.

Und er hielt den Mund an das Schlüsselloch und pfiff wie eine Maus.

„Wir haben eine Maus in der Kiste, Vater", sagte die Trollalte.

„Die muss da sitzen bis zum nächsten Weihnachtsabend", sagte der Troll.

„Dann frisst sie Löcher in die Kiste, Väterchen", sagte die Alte.

„Da kannst du Recht haben, Mütterchen", sagte der Alte.

Und er öffnete die Kiste und sah den Kobold-knirps an der Kante sitzen.

„Ja, du bist mir eine lustige Maus", sagte er und lachte so, dass der Bauch wackelte. „Was bist du für ein Luftikus?"

„Ich bin Tjovik Torgusson, der Koboldjunge vom Hof", sagte der Knirps keck.

„Ha, ha, ha! Hi, hi, hi! Ho, ho, ho!" lachte der Trollalte, während er den Knirps zwischen Dau-men und Zeigefinger nahm. „Du wirst eine nette kleine Nachspeise nach dem Weihnachtsschinken. Hast du die Bratpfanne in Ordnung, Mutter?"

„Ihr könnt mich doch nicht braten, bevor ich mir den Schmutz von den Fingern gewaschen habe", sagte Tjovik.

„Warte nur", sagte der Troll. „Du wirst schon gewaschen werden, darauf kannst du dich ver-lassen."

Und dann setzte er den Knirps an den Rand der Quelle und schüttete Wasser über ihn.

„So wird das nichts", rief Tjovik. „Du musst schon eine Bürste und Seife herholen."

„Das ist ja ein strenger kleiner Herr",
brummte der Troll und ließ ihn los, um eine Bürste zu holen.

Im gleichen Augenblick sprang der kleine Kobold in den Holzschuh, zog sein Taschenmesser heraus und schnitt die Schnur durch, die ihn festhielt.

Heisa! Der Holzschuh folgte sofort der Strömung unter die Felswand. Jåmpa und Skimpa stießen gleichzeitig so ein Geheul aus, dass das Trommelfell hätte zerspringen können. Aber der kleine Kobold schwenkte seine Zipfelmütze und rief: „Hurra!"

Der Strom führte den Holzschuh mit dem kleinen Passagier durch den unterirdischen Kanal hinaus in den Bach, der am Hof vorbeifloss. Dort sprang der Knirps an Land und ging nach Hause. Aber die Goldkette hatte er verloren, als der Troll Wasser über ihn geplanscht hatte.

Um ein Haar hätte der kleine Kobold vom Vater und auch vom Großvater für sein dummdreistes Verhalten Prügel bezogen. Aber er kam noch einmal so davon, weil er vorher noch nie etwas ausgefressen hatte. Und er musste versprechen, niemals mehr nach anderen Schätzen zu suchen als solchen, die man durch nützliche Arbeit verdienen kann. Und dies Versprechen hat er als ehrlicher Kobold immer gehalten.

Tomte und Trolle
Das Kleine Volk

Tomte und Trolle gehören zu den Jenseitigen und Unterirdischen des schwedischen Volksglaubens, zum sogenannten Kleinen Volk. Dabei leben diese Wesen keineswegs friedlich beieinander, sondern sind bitter verfeindet. Die Tomte leben als Haus- und Hofwichtel das ganze Jahr unter den Menschen, wo sie, gebunden an ihren Heimathof, für dessen Schutz garantieren. Tomte sind ursprünglich eher launische und mürrische Wesen, die streng über die alten Sitten und Gebräuche wachen. Müßiggang und Leichtsinn können sie vertreiben – und mit dem Tomte verlässt dann auch das Glück den Hof. Zahlreiche Geschichten erzählen von verarmten Bauern, die ihre Höfe verlassen

mussten, weil der Tomte ihnen böse wurde. Des-
halb müssen diese kleinen grauen Wichtel mit
Respekt und Vorsicht behandelt werden, wozu ge-
hört, dass man ihnen in der Weihnachtsnacht eine
Schüssel Weihnachtsgrütze vor die Tür stellt. So
umhegt wachen sie über Generationen hinweg
über das Wohl der Höfe und schützen Mensch und
Tier vor der Böswilligkeit der Trolle.

Die Tomte haben ihre Wurzeln in vorchrist-
licher Zeit, sie wurden aber als unsichtbare Schutz-
geister allmählich christianisiert, weshalb der
Hauswichtel zum freundlichen Weihnachtswichtel
aufsteigen konnte. Die Trolle dagegen bleiben
heidnische Wesen und als solche Gegenspieler der
Tomte. Die Trolle leben unter sich in der Natur. Ihre
Behausung, der Trollhügel, wird nur einmal im
Jahr sichtbar, nämlich in der Weihnachtsnacht. Be-
gibt sich der Mensch in dieser Nacht in das Reich
der Trolle, dann kann er von diesen für ewig ver-
einnahmt werden.

SELMA LAGERLÖF

Ein Weihnachtsgast

Einer von denen, die das Kavaliersleben auf
Ekeby genossen hatten, war der kleine Ruster,
der Noten transponieren und Flöte spielen
konnte. Er war von niedriger Herkunft und arm,
ohne Heim und ohne Familie. Als die Schar der
Kavaliere sich zerstreute, brachen schwere Zeiten
für ihn an.

Nun hatte er kein Pferd und keinen Wagen
mehr, keinen Pelz und keine rotgestrichene Provi-
antkiste. Er musste zu Fuß von Gehöft zu Gehöft
ziehen und trug seine Habseligkeiten in ein blaukariertes Taschentuch eingebunden. Den Rock
knöpfte er bis zum Kinn hinauf zu, so dass nie-

mand sehen konnte, wie es um das Hemd und die Weste bestellt war, und in dessen weiten Taschen verwahrte er seine kostbarsten Besitztümer: die auseinander geschraubte Flöte, die flache Schnapsflasche und die Notenfeder.

Sein Beruf war, Noten abzuschreiben, und wenn alles gewesen wäre wie in alten Zeiten, so hätte es ihm nicht an Arbeit gefehlt. Aber mit jedem Jahre, das verging, wurde die Musik oben in Värmland weniger gepflegt. Einstweilen wurde er noch als alter Freund auf den Herrenhöfen aufgenommen, aber man jammerte, wenn er kam, und freute sich, wenn er ging. Er roch nach Branntwein, und sobald er ein paar Schnäpse oder einen Toddy bekommen hatte, wurde er wirr und erzählte unerquickliche Geschichten. Er war die Geißel der gastfreien Gutshöfe.

Einmal kam er um die Weihnachtszeit nach Löfdala, wo Liljecrona, der große Violinspieler, daheim war. Liljecrona war auch einer der Ekebykavaliere gewesen, aber nach dem Tode der Majorin zog er auf sein prächtiges Gut Löfdala und blieb dort. Nun kam Ruster in den Tagen vor dem Weihnachtsabend zu ihm, störte die Festvorbereitungen und verlangte Arbeit. Liljecrona gab ihm einige Noten abzuschreiben, um ihn zu beschäftigen.

„Du hättest ihn lieber gleich fortschicken sollen", sagte seine Frau, „jetzt wird er das so in die Länge ziehen, dass wir ihn über den Heiligen Abend hier behalten müssen."

„Irgendwo muss er doch sein", sagte Liljecrona. Und er bewirtete Ruster mit Toddy und Branntwein, leistete ihm Gesellschaft und sprach die ganze Ekebyer Zeit noch einmal mit ihm durch. Aber er war verstimmt und seiner überdrüssig, er wie alle die andern, obgleich er es nicht merken lassen wollte, denn alte Freundschaft und Gastlichkeit waren ihm heilig. Aber in Liljecronas Haus hatten sie sich nun drei Wochen lang für das Weihnachtsfest gerüstet. Sie hatten in Unbehagen und Hast gelebt, sich die Augen bei Talglichtern und Kienspänen verdorben, im Schuppen beim Fleischeinsalzen und im Bräuhaus beim Bierbrauen gefroren. Doch die Hausfrau wie die Dienstleute hatten sich allem ohne Murren unterzogen.

Wenn alle Verrichtungen beendet waren und

der Heilige Abend anbrach, dann würde ein großer Zauber sie gefangen nehmen. Am Weihnachtsfest würde ihnen Scherz und Spaß, Reim
und Fröhlichkeit ohne alle Mühe über die Lippen
kommen. Alle würden sich mit Lust im Tanze drehen, und aus den dunklen Winkeln der Erinnerung würden die Worte und Melodien der Tanz-
spiele auftauchen, obgleich man gar nicht glauben konnte, dass sie noch immer da waren. Und
dann würden sie alle so gut sein, so gut!

Aber als nun Ruster kam, fand der ganze
Haushalt von Löfdala, dass Weihnachten verdorben war. Die Hausfrau und die älteren Kinder
und treuen Diener waren alle derselben Mei-
nung, Ruster versetzte alle in lähmende Angst.
Sie fürchteten überdies, dass, wenn er und Liljecrona anfingen, sich in den alten Erinnerungen
zu ergehen, das Künstlerblut in dem großen Violinspieler aufflammen würde und sein Heim ihn
verlieren musste. Einst hatte es ihn nie lange daheim gelitten.

Es lässt sich nicht beschreiben, wie sie jetzt
auf dem Hofe den Hausherrn liebten, seitdem er
ein paar Jahre bei ihnen geblieben war. Und was

hatte er zu geben, besonders an Weihnachten! Er hatte seinen Platz nicht auf irgendeinem Sofa oder Schaukelstuhl, sondern auf einer hohen, schmalen, glattgescheuerten Holzbank in der Kaminecke. Wenn er dort saß, dann zog er auf Abenteuer aus. Er fuhr rings um die Erde, er stieg zu den Sternen und noch höher empor. Er spielte und sprach abwechselnd, und alle Hausleute versammelten sich um ihn und hörten zu. Das ganze Leben wurde glanzvoll und schön, wenn der Reichtum dieser einzigen Seele es überstrahlte.

Darum liebten sie ihn, so wie sie das Weihnachtsfest, die Freude, die Frühlingssonne liebten. Und als nun der kleine Ruster kam, war ihr Weihnachtsfriede zerstört. Sie hatten vergeblich gearbeitet, wenn dieser kam und den Herrn des Hauses fortlockte. Es war ungerecht, dass dieser Säufer am Weihnachtstische eines frommen Hauses sitzen und alle Weihnachtsfreude stören sollte.

Am Vormittag des Weihnachtsabends hatte der kleine Ruster seine Noten fertiggeschrieben, und da sprach er vom Fortgehen, obgleich es natürlich seine Absicht war, zu bleiben.

Liljecrona war von der allgemeinen Verstimmung angesteckt und sagte darum gezwungen und matt, dass es wohl das Beste wäre, wenn Ruster über Weihnachten da bliebe, wo er war.

Der kleine Ruster war stolz und leicht entflammt. Er drehte seinen Schnurrbart auf und schüttelte die schwarze Künstlermähne, die gleich einer dunklen Wolke um seinen Kopf stand. Was meinte Liljecrona eigentlich? Er sollte bleiben, weil er an keinen anderen Ort fahren konnte? Ah, man denke nur, wie sie in den großen Eisenwerken im Broer Kirchspiel standen und auf ihn warteten! Die Gaststube war bereit, der Willkommensbecher gefüllt. Er hatte solche Eile. Er wusste nur nicht, zu wem er zuerst fahren sollte. „Gott bewahre", sagte Liljecrona, „so fahre doch." Nach dem Mittagessen lieh sich der kleine Ruster Pferd und Schlitten, Pelz und Decken. Der Knecht von Löfdala sollte ihn zu irgendeinem Gutshof in Bro kutschieren und dann rasch heimfahren, denn es sah nach einem Schneesturm aus.

Niemand glaubte, dass er erwartet wurde oder dass es ein einziges Haus in der Umgegend gab, wo er willkommen gewesen wäre. Aber sie wollten ihn so gern loswerden, dass sie sich dies verhehlten und ihn ziehen ließen. „Er hat es selbst gewollt", sagten sie. Und nun, dachten sie, wollten sie fröhlich sein. Aber als sie sich gegen fünf Uhr im Esssaal versammelten, um Tee zu trinken und um den Christbaum zu tanzen, schwieg Liljecrona verstimmt. Er setzte sich nicht auf die Märchenbank, er berührte weder Tee noch Punsch, er erinnerte sich an keine Polka, die Violine war ihm verleidet. Wer spielen und tanzen konnte, mochte es ohne ihn tun.

Da wurde die Gattin unruhig, da wurden die Kinder missvergnügt, alles im ganzen Haus ging verkehrt. Es wurde der allertraurigste Weihnachtsabend.

Die Grütze brannte an, die Lichter flackerten, das Holz rauchte, der Wind blies bittere Kälte in die Stuben. Der Knecht, der Ruster kutschiert hatte, kam nicht heim. Die Haushälterin weinte, die Mägde zankten.

Plötzlich erinnerte sich Liljecrona, dass man den Spatzen keine Garbe hinausgehängt hatte, und er beklagte sich laut über alle Frauen rings um ihn, die alte Sitten außer Acht ließen und neumodisch und herzlos waren. Aber sie begriffen wohl, dass ihn Gewissensbisse quälten, weil er den kleinen Ruster am heiligen Weihnachtsabend aus seinem Hause hatte fortgehen lassen.

Und ehe man sich's versah, ging Liljecrona in sein Zimmer, versperrte die Tür und begann zu spielen, wie er nicht gespielt, seit er zu wandern aufgehört hatte. Es war Hass und Hohn, es war Sehnsucht und Sturm. Ihr dachtet mich zu binden, aber ihr müsst eure Fesseln umschmieden. Ihr dachtet mich kleinmütig zu machen, wie ihr selbst seid. Aber ich ziehe hinaus ins Große, ins Freie. Alltagsmenschen, Hausklaven, fanget mich, wenn es in eurer Macht steht! Als die Gattin diese Töne hörte, sagte sie: „Morgen ist er fort, wenn Gott nicht in dieser Nacht ein Wunder tut. Jetzt hat unsre Ungastlichkeit gerade das hervorgerufen, was wir vermeiden wollten."

Inzwischen fuhr der kleine Ruster durch das Schneetreiben. Er zog von einem Haus zum andern und fragte, ob es Arbeit für ihn gäbe, aber nirgends wurde er aufgenommen. Sie forderten ihn nicht einmal auf, aus dem Schlitten zu steigen. Einige hatten das Haus voll Besuch, andre wollten am Weihnachtstag über Land fahren. „Versuche es beim nächsten Nachbar", sagten sie alle.

Er mochte immerhin kommen und das Behagen von ein paar Werktagen stören, nicht aber das des Weihnachtsabends. Das Jahr hatte nur einen Weihnachtsabend, und auf den hatten sich die Kinder den ganzen Herbst über gefreut. Man konnte doch diesen Menschen nicht an einen Weihnachtstisch setzen, wo es Kinder gab. Früher hatten sie ihn gern aufgenommen, aber nicht jetzt, wo er trank. Was sollte man auch mit dem Menschen anfangen? Die Gesindestube war zu schlecht und das Gastzimmer zu fein.

So musste der kleine Ruster von Hof zu Hof ziehen, in dem peitschenden Schneesturm. Der nasse Schnurrbart hing schlaff über den Mund, die Augen waren blutunterlaufen und verschleiert, aber der Branntwein verflüchtigte sich aus seinem Hirn. Ruster begann zu grübeln und zu staunen. War es möglich, war es möglich, dass niemand ihn aufnehmen wollte? Da sah er mit einem Male sich selbst. Er sah, wie jämmerlich und verkommen er war, und er begriff, dass er den Menschen verhasst sein musste. Mit mir ist es aus, dachte er. Es ist aus mit dem Notenschreiben, es ist aus mit der Flöte. Niemand auf Erden braucht mich, niemand hat Barmherzigkeit mit mir. Der Schneesturm pfiff und spielte, er riss die Schneehaufen auf und türmte sie wieder zusammen, er nahm eine Schneesäule in die Arme und tanzte damit übers Feld, er hob eine Flocke himmelhoch und stürzte eine andre in eine Grube. „So ist es, so ist es", sagte der kleine Ruster, „solange man fährt und tanzt, ist es ein fröhliches Spiel, doch wenn man hinab in die Erde soll, dort eingebettet und verwahrt werden, dann ist es Kummer und Leid." Doch hinab mussten alle, und jetzt war er an der Reihe. Er war am Ende.

Er fragte nicht mehr danach, wohin der Knecht ihn führte. Er glaubte, dass er in das Reich des Todes fuhr.

Der kleine Ruster verbrannte keine Götter auf dieser Fahrt. Er verfluchte weder das Flötenspiel noch das Kavaliersleben, er dachte nicht, dass es besser für ihn gewesen wäre, wenn er die Erde gepflügt oder Schuhe genäht hätte. Aber darüber klagte er, dass er nun ein ausgespieltes Instrument war, das die Freude nicht mehr gebrauchen konnte. Niemanden klagte er an, denn er wusste, wenn das Waldhorn gesprungen ist und die Gitarre ihre Stimme verloren hat, dann müssen sie fort. Er wurde plötzlich ein sehr demütiger Mensch. Er begriff, dass es mit ihm zu Ende ging, jetzt am Weihnachtsabend. Der Hunger oder die Kälte würden ihn umbringen, denn er verstand nichts, er taugte zu nichts und hatte keine Freunde. Da bleibt der Schlitten stehen und auf einmal ist es hell um ihn, und er hört freundliche Stimmen, und da ist jemand, der ihn in ein warmes Zimmer führt, und jemand, der ihm heißen Tee bringt. Der Pelz wird ihm abgenommen, und mehrere Menschen rufen, dass er willkommen ist, und warme Hände bringen Leben in seine erstarrten Finger.

Von alledem wurde ihm so wirr im Kopfe, dass er wohl eine Viertelstunde nicht zur Besinnung kam. Er konnte unmöglich begreifen, dass er wieder nach Löfdala gekommen war. Er war sich gar nicht bewusst gewesen, dass der Knecht es satt bekommen hatte, im Schneesturm herumzufahren, und nach Hause umgekehrt war.

Ebenso wenig verstand er, warum er jetzt in Liljecronas Haus so freundlich empfangen wurde. Er konnte nicht wissen, dass Liljecronas Gattin begriff, welche schwere Fahrt er an diesem Weihnachtsabend gemacht hatte, wo er an jeder Tür, an die er geklopft hatte, abgewiesen worden war. Sie hatte so großes Mitleid mit ihm bekommen, dass sie ihre eigenen Sorgen vergaß.

Liljecrona setzte das wilde Spielen in seinem Zimmer fort. Er wusste nichts davon, dass Ruster gekommen war. Dieser saß indessen mit der Frau und den Kindern im Speisesaal. Die Dienstleute, die am Weihnachtsabend auch da zu sein pflegten, waren vor der Langeweile bei der Herrschaft in die Küche geflüchtet.

Die Hausfrau versäumte nicht, Ruster zu beschäftigen. „Sie hören ja, Ruster", sagte sie, „dass Liljecrona den ganzen Abend nur spielt, und ich muss mich um das Tischdecken und das Essen kümmern. Die Kinder sind ganz verlassen. Sie müssen sich der zwei Kleinsten annehmen, Ruster."

Kinder, das war ein Menschenschlag, mit dem Ruster am wenigsten in Berührung gekommen war. Er hatte sie weder im Kavaliersflügel noch im Soldatenzelt getroffen, weder in Gasthöfen noch auf Landstraßen. Er scheute sich beinahe vor ihnen und wusste nicht, was er sagen sollte, das fein genug für sie war.

Er nahm die Flöte hervor und lehrte die Kinder, Klappen und Löcher mit den Fingern zu bedienen. Es waren zwei Knaben im Alter von vier und sechs Jahren. Sie bekamen eine Lektion auf der Flöte, und das interessierte sie sehr.

„Das ist A", sagte er, „und das ist C", und dann griff er die Töne. Da wollten die Kleinen wissen, was das für ein A und was für ein C das war, das gespielt werden sollte.

Da nahm Ruster Notenpapier heraus und zeichnete ein paar Noten.

„Nein", sagten sie, „das ist nicht richtig." Und sie eilten fort und holten ein Abc-Buch.

Da fing der kleine Ruster an, ihnen das Alphabet abzuhören. Sie konnten und konnten es nicht. Es sah windig aus mit ihren Kenntnissen.

Ruster wurde eifrig, hob die Knirpschen auf

seine Knie und begann sie zu unterrichten. Liljecronas Frau ging aus und ein und hörte ganz erstaunt zu. Es klang wie ein Spiel, und die Kinder lachten die ganze Zeit, aber sie lernten dabei, ja, das taten sie.

Ruster fuhr ein Weilchen fort, aber er war nicht recht bei dem, was er tat. Er wälzte die alten Gedanken, die er im Schneesturm gehabt hatte, in seinem Kopf. Hier war es gut und behaglich, aber mit ihm war es doch auf jeden Fall aus. Er war verbraucht. Er würde fortgeworfen werden. Und urplötzlich schlug er die Hände vors Gesicht und begann zu weinen.

Da kam Liljecronas Frau hastig auf ihn zu.

„Ruster", sagte sie, „ich kann verstehen, dass Sie glauben, für Sie sei alles aus. Sie haben kein Glück mit der Musik, und Sie richten sich durch den Branntwein zugrunde. Aber es ist noch nicht aus, Ruster."

„Doch", schluchzte der kleine Flötenspieler.

„Sehen Sie, so wie heute Abend mit den Kleinen dazusitzen, das wäre etwas für Sie. Wenn Sie die Kinder lesen und schreiben lehren wollten, dann würden Sie wieder überall willkommen sein. Das ist kein geringeres Instrument, um darauf zu spielen, Ruster, als Flöte und Violine. Sehen Sie sie an, Ruster!"

Sie stellte die zwei Kleinen vor ihn hin, und er sah auf, blinzelnd, so, als hätte er in die Sonne gesehen. Es war, als fiele es seinen kleinen trüben Augen schwer, denen der Kinder zu begegnen, die groß und klar und unschuldig waren.

„Sehen Sie sie an, Ruster!" ermahnte Liljecronas Frau.

„Ich getraue mich nicht", sagte Ruster, denn es schien ihm wie ein Fegefeuer, in den Kinderaugen die Schönheit der Unschuld zu schauen.

Da lachte Liljecronas Frau hell und froh auf.

„Dann sollen Sie sich an sie gewöhnen, Ruster. Sie sollen dieses Jahr als Schulmeister bei uns bleiben."

Liljecrona hörte seine Frau lachen und kam aus dem Zimmer.

„Was gibt es?" sagte er. „Was gibt es?"

„Nichts andres", antwortete sie, „als dass Ruster wiedergekommen ist und dass ich ihn zum Schulmeister für unsre kleinen Jungen bestellt habe."

Liljecrona war ganz verblüfft. „Wagst du das", sagte er, „wagst du es? Er hat wohl versprochen, nie mehr ..."

„Nein", sagte die Frau, „Ruster hat nichts versprochen. Aber er wird sich vor mancherlei in Acht nehmen müssen, wenn er jeden Tag kleinen Kindern in die Augen sehen soll. Wäre es nicht Weihnachten, hätte ich dies vielleicht nicht gewagt, aber wenn unser Herrgott es wagte, ein kleines Kindlein, das sein eigener Sohn war, unter uns Sünder zu setzen, dann kann ich es wohl auch wagen, meine kleinen Kinder versuchen zu lassen, einen Menschen zu retten."

Liljecrona konnte gar nicht sprechen, aber es zitterte und zuckte in jeder Falte seines Gesichts, wie immer, wenn er etwas Großes hörte.

Dann küsste er seiner Frau die Hand, so fromm wie ein Kind, das um Verzeihung bittet, und rief laut: „Alle Kinder sollen kommen und Mutter die Hand küssen."

Das taten sie, und dann hatten sie ein fröhliches Weihnachtsfest in Liljecronas Heim.

FREDRIKA BREMER

Heiliger Abend und Christmette

Liebe Kinder in Stockholm! Ich möchte euch etwas darüber erzählen, wie man das Weihnachtsfest auf dem Lande feiert, denn das wisst ihr
wahrscheinlich nicht. Das aber weiß ich, die ich
mehr als einmal dabei gewesen bin und es mit
großem Vergnügen beobachtet habe. Sicherlich
wird es euch Spaß machen, davon zu hören.
Allerdings habe ich die Mutter und die Kinder,
von denen ich euch gleich erzählen will, nicht
selber gekannt. Ein guter Freund hat mir von ihnen berichtet.

Stellt euch nun vor: Am Rande des schwarz-
grünen Tannenwaldes stand eine Hütte, und auf
sie und rings um sie her fiel an einem dunklen
Winterabend in dicken Flocken der Schnee.
Drinnen aber war es hell, denn im Herd loderte
ein Feuer und leuchtete freundlich durchs Fenster auf die Tanne, die ihre schneeschweren
Zweige gegen die Hüttenwand streckte. Es
warf seine Lichtbahnen bis in den Wald, wo der
Uhu saß und seine Rufe hören ließ. Aus dem
Schornstein wirbelte Rauch auf, und Funken
tanzten um die Schneeflocken herum, sodass denen ganz schwindelig wurde und sie in den
Schornstein und in den Grütztopf niedertaumel-
ten. Das heißt, sie wären dort hineingetaumelt,
wenn sie nicht auf dem Weg durch den Rauch
verdunstet wären.

Auf dem Herd brodelte die Weihnachtsgrütze
nebst anderem Leckeren. Denn es war Heiliger
Abend, und nach ländlichem Brauch mussten die
Speisen gleich für das ganze Weihnachtsfest zu-
bereitet werden, sodass man sie zu den Mahlzei-
ten während der Feiertage nur aufzuwärmen
brauchte.

Glaubt nun nicht, dass es reicher Leute Essen gewesen sei, das da im Topf kochte. In der Hütte wohnte eine einfache Kätnerswitwe mit ihren drei Kindern. Sie war eine fleißige, fürsorgliche Frau und gute Mutter und hatte nun, dem Weihnachtsfest zu Ehren, aufs Beste vorgesorgt, hatte drei Pfund Fleisch gekauft, das da jetzt zusammen mit Petersilie und Sellerie brodelte und eine köstliche Suppe sowie ein kräftiges Kohlgericht für den Weihnachtstag verhieß, an dem man auf dem Lande nun einmal Kohl essen möchte. Außerdem gab es noch gelaugten Stockfisch, ganz weiß und zart, und Kartoffeln – was sich von selbst versteht.

Auf dem Tisch standen schöne Weihnachtskuchen und der Julkuse, der mit langen Hörnern prangte. Der sollte das ganze Fest über zwischen den weihnachtlichen Speisen stehen. Habt ihr schon von Julkuse gehört, Kinder? Und wisst ihr, warum er auf dem ländlichen Weihnachtstisch stehen muss?

Nun, der Julkuse ist ein Stück Teig, das, geknetet, zu einer Art Bock mit langen Hörnern geformt wird. Nachdem er die Festtage über auf dem Tisch gestanden hat, muss er sich in einer Kiste verstecken, bis der Frühling einzieht und der Acker gepflügt wird. Erst dann kommt er wieder aus der Kiste hervor, worauf man ihn in Stücke zerschlägt. Diese werden den Zugtieren, Ochsen oder Pferden, gegeben, die den Acker bearbeiten und die, so heißt es, durch den Julkuse doppelt so stark werden wie vordem. Wird der Acker gut bestellt, so wächst das Korn gut, viele Garben kommen in die Scheune, viel Mahlgut zur Mühle und viel Brot ins Haus. All das macht der Julkuse, jenes sonderbare Tier.

Zwei kleine Kinder, Per und Maja, liefen um den Weihnachtstisch und konnten ihre Freude über den Julkuse, den Kuchen und das Feiertagsessen, das seinen guten Duft in der ganzen Hütte verbreitete, kaum verbergen. Und sie freuten sich auf die Christmette, zu der sie am nächsten Morgen mit ihrer Mutter würden fahren dürfen. Bruder Anders sollte sie alle im Schlitten, von dem alten Pälle gezogen, zur Kirche kutschieren. Die Kinder waren noch niemals in der Christmette gewesen und konnten sich das Ganze nicht recht vorstellen, aber dass die Mette etwas

ganz besonders Prächtiges sei, das hatten sie gehört, und daran glaubten sie.

Anders war noch draußen und hackte Holz,
damit der Vorrat für die ganze Woche zum Hei-
zen reichte, von Weihnachten bis Neujahr. Hätte
ihn aber jemand gesehen, wie er dort stand, mit
finsterem Blick und in die Stirn hängenden Haar-
strähnen, so hätte er bemerkt, dass Anders am
Weihnachtsfest nichts Erfreuliches fand und
dass er mit der ganzen Welt unzufrieden war.

Die Mutter hantierte am Herd. Warum aber
hielt sie ihr Gesicht ständig von den fröhlichen
Kindern abgewandt? Nur die Flammen sahen,
dass ihr mitunter eine Träne über die Wange
rollte. Sie wollte nicht, dass die Kinder es be-
merkten, sie mochte ihnen nicht die Freude nehmen. Mutter Margret musste an diesem Abend
immer wieder an ihren Mann denken, der vor nur
drei Monaten gestorben war, musste daran denken, wie glücklich sie noch am letzten Weihnachtsfest mit ihm gewesen war. Sie hatten zusammen so manches Ungemach bewältigt und
waren mit jedem Jahr besser vorangekommen,
sodass sie allmählich mit Zuversicht in die Zu-

kunft blicken konnten. Sie dachte daran, wie er so manches Mal gesagt hatte: „Liebe Margret, wir müssen uns noch einige Zeit tüchtig ins Zeug legen, aber dann wirst du sehen, dass es uns und den Kindern gut geht!" Und sie erinnerte sich, wie er sie, als er spürte, dass er sterben müsse, getröstet und ihr gesagt hatte, dass es, wenn einer von beiden davongehen müsse, besser sei, wenn das Los den Mann träfe, weil die Frau besser als er für die Kinder sorgen könne.

Die Frau aber fand, dass dieses Los schwer zu tragen sei, und sah viel Kummer für die Zukunft voraus. Sie war so einsam in ihrem Herzen und fühlte sich so allein auf der kleinen Kätnerstelle, die sie bewirtschaftete. Ihr Stiefsohn Anders, der Älteste, der bisher in einem anderen Kirchspiel gedient hatte, nun aber heimgekommen war, um nach dem Tod des Vaters bei der Feld- und Hofarbeit zu helfen, hatte ein düsteres Gemüt und hegte offensichtlich bittere Gefühle gegenüber der Stiefmutter, die vergeblich versucht hatte, sie mit Güte zu ändern. Anders bewegte sich im Haus wie eine dunkle Wolke, er war stets missvergnügt und unwirsch. Das bedrückte die

Mutter schwer. Und gerade an diesem Abend, für den sie sich, dem Fest und den Kindern zuliebe, vorgenommen hatte, alle leidigen Gedanken zu verscheuchen, gerade an diesem Abend stürmten sie zuhauf auf sie ein – so dicht, wie die Schneeflocken auf die Tannen fielen; und sosehr sie auch versuchte, sie abzuschütteln, siehe – da waren sie wieder, schlimmer als zuvor.

Doch die Kinder, Klein-Per und Maja, dachten an nichts Trauriges. „Sieh doch den Julkuse, Maja!" rief Per. „Wie er dich mit seinen großen schwarzen Augen anstarrt! Sieh dich vor: er stößt zu, wenn du ihn berührst!" – „Nein, glaubst du, dass er stößt? Glaubst du, dass er richtig lebt? – Oh, wie gut die Suppe riecht . . .! Ist sie nicht bald fertig, Mutter? Und können wir nicht bald zu Majros und Dockan gehen, damit sie den Stern sehen und Weihnachten schmecken können?"

Ja, richtig! Die Suppe war jetzt fertig, und die Mutter hob sie vom Feuer. Dann zündete sie die Kerze in der Laterne an. Um die Kerze zog sich ein prächtiger gelber Papierstern, der das Licht noch heller machte. Jedes der Kinder bekam ein Stück Kuchen und die Mutter füllte einen Krug mit dem frischen Weihnachtsbier. Dann gingen sie zu dritt in den Stall – die Tiere sollten doch wissen, dass Weihnachten war.

Überall auf dem Lande im ganzen schwedischen Reich ist es Sitte, die Tiere am Weihnachtsfest teilhaben zu lassen. Alle Geschöpfe auf Erden sollen sich über die Geburt des Herrn freuen, der der Welt neues Leben geschenkt und seine Jünger mit den Worten ausgeschickt hat: „Predigt das Evangelium allen Kreaturen!"

Eigentlich sind es die Haustiere, die wir zu Weihnachten bewirten. Aber in einigen Teilen Schwedens und überall in Norwegen bringt man vor den Türen der Häuser und Scheunen auf hohen Stangen oder entasteten jungen Tannenbäumen Hafer- und Gerstengarben an, damit sich die kleinen Vögel satt essen können. – Als ich eines Jahres in Norwegen war, hatte ich vor meinem Fenster zwei solcher Bäume, in deren Wipfeln große Gerstengarben hingen, und Schwärme von Spatzen, Zeisigen und Buchfinken hielten dort ihren Weihnachtsschmaus. Sie schienen unentwegt zu zwitschern: „Es ist Weihnachten, es ist Weihnachten!" Das war ein

Lärmen und ein Jubeln, dass man nichts Anderes hören konnte. – Doch wir kehren nun zu unserer kleinen Hütte in Schweden zurück.

Majros und Dockan dachten gewiss an nichts, wie sie da in ihren Boxen standen und an ihrem Stroh kauten. Plötzlich ging die Stalltür auf, und ein Licht leuchtete ihnen in die Augen. Sie drehten den Kopf zur Seite, blickten etwas verwundert drein, schnaubten und muhten leise, zum Zeichen, dass sie die Eintretenden erkannten und dass sie ihnen willkommen waren. Doch als die Kinder in ihrem Eifer auf sie zuliefen, ihre Brotstücke hinreichten, sodann Majros und Dockan „Jetzt ist Weihnachten!" in die Ohren schrien, da wichen die Tiere einen Schritt zurück, schüttelten heftig den Kopf und stierten, wie um zu fragen: Was ist denn das?

Aber da die beiden Braunen mit den weißen Flecken ganz verständige und manierliche Tiere waren, besannen sie sich bald, streckten die Zunge heraus, um das Brot zu erhaschen, schnupperten an dem Weihnachtsbier, schlürften einen ordentlichen Schluck davon in sich hinein und schienen sehr zufrieden. Dann streute die Kätnerin noch frisches Stroh unter sie und legte ihnen einen Armvoll vom feinsten Heu in die Raufe. Während sie sich entfernte, sagte sie: „Gott segne euch, meine guten Kühe, nun habt ihr euren Heiligen Abend gehabt!" Da schienen die Tiere das Ganze zu begreifen, blinzelten ins Licht und in den Stern, den die Kinder ihnen in die Augen leuchten ließen, und legten sich dann mit einem Büschel Heu im Maul gemächlich nieder, um den Sinn der Worte weiter zu bedenken. Doch außer einem „Muh" ließen sie nichts verlauten.

Dann ging es zum alten Pälle, um auch ihn vom Weihnachtsbrot und vom Weihnachtsbier kosten zu lassen. Auch er sollte merken, dass Heiligabend war. Pälle spitzte die Ohren und hob den Kopf. Er sah aus, als habe er schon auf die willkommene Botschaft gewartet. Pälle war alteingesessen, er hatte auf dem Hof schon mehrere Jahre das Weihnachtsfest begangen.

Die Schafe blökten vergnügt und leckten die Hände, die ihnen die Weihnachtskost gaben. Und die kleinen Ferkel hüpften und sprangen umher wie außer Rand und Band.

Dem Kater hinterm Herd begann die Zeit etwas lang zu werden; er fand es karg, nur seine Pfoten zu lecken. Da trat Mutter Margret mit den Kindern wieder in die Hütte, und nun bekam der Kater eine ganze Untertasse mit fetter Milch.

Die Hühner waren an diesem Abend unruhig, sie wollten ihre Schlafplätze auf den Stangen des Verschlages nicht aufsuchen, sondern flogen auf und nieder, gackerten und trieben ein Wesen, das sich niemand erklären konnte. Als nun aber aus vollen Händen goldene Körner auf sie herabregneten und die Kinder ihnen ihr „Jetzt ist Weihnachten!" zuriefen, gackerten sie besonders laut, flatterten umher und vollführten ein schreckliches Getöse. Der Hahn krähte, als wäre es Morgen.

In der Hütte hatte sich auch Anders eingefunden. Er war ein hochgewachsener Bursche von siebzehn Jahren und schaute verdrießlich drein. Mutter Margret warf einen unruhigen Blick auf ihn. Schon seit der Vater sich wiederverheiratet hatte, hegte er Hass gegen die Stiefmutter; er wollte, als sie ins Haus kam, nicht dort bleiben, sondern verdingte sich bei einem zwar reichen, aber unleidlichen Bauern im benachbarten Kirchspiel.

Anders saß da, einen Arm auf den Tisch gestützt, und starrte schweigend ins Feuer. Er schien nicht zu beachten, wie die Mutter auf dem Tisch das Essen zurechtstellte, und nahm auch keine Notiz von dem Plappern, mit dem die kleine Maja ihm von den Tieren und ihrem Weihnachtsabend erzählen wollte. Maja war ein liebes Mädchen, das alle Menschen mochte und das sich besonders zum großen Bruder hingezogen fühlte, obwohl er selten freundlich zu ihr war.

Als sie dann alle zu Tisch saßen und die Mutter das Weihnachtsbier eingegossen hatte, warfen die Kleinen einander schelmische Blicke zu, spähten zu Anders hinüber und nickten, als wollten sie sagen: Jetzt ist es soweit!

Dann nahm die Mutter ihr Glas, jedes der Kinder griff nach seinem Zinnbecher, und alle drei sagten: „Skål, Anders!"

Der Jüngling sah auf und blickte fast so verwundert wie Majros, als man ihr zurief, nun sei Weihnachten. Doch als die Mutter hinzufügte: „Und viel Glück, mein Sohn! Am Abend dieses Tages bist du ja geboren ...", da erwiderte Anders mit mürrischer Miene: „Worauf sollte man trinken, und was für ein Glück sollte das sein? Es wäre besser gewesen, wenn ich nicht geboren wäre!"

Da sagte die Mutter ernst: „Es ist sündig, so zu sprechen, mein Sohn. Wenn Gott uns Gesundheit und Kraft gegeben hat, zu arbeiten und zu streben ..."

„Wozu soll man arbeiten und streben?" unterbrach Anders sie verdrossen.

„Lieber Junge, dass du das fragst!" erwiderte die Mutter. „Man soll doch schließlich leben ..."

„Und wozu soll man leben?" entgegnete Anders wieder.

Die Mutter schwieg, weil sie nicht sofort eine Antwort auf die Frage fand.

Anders fuhr fort: „Wenn einer weder Vater noch Mutter hat, weder Geld noch irgend etwas Anderes auf der Welt, für das es sich zu leben lohnt, dann wäre es ebenso gut, tot zu sein. Dann würde man sich alle Mühe sparen."

„Bin ich nicht deine Mutter?" erwiderte die Witwe mit feuchten Augen.

„Ihr seid nur meine Stiefmutter", sagte Anders hart. „Wäret Ihr meine Mutter, dann hättet Ihr mehr an mich gedacht, und ich brauchte nicht in diesem alten Rock vom Vater herumzulaufen, dann hättet Ihr mir einen neuen gekauft."

„Das hätte ich getan, wenn ich das Geld dazu gehabt hätte. Aber du weißt doch, dass ich Vaters besten Rock verkaufen musste, um ein ehrliches Begräbnis für ihn bezahlen zu können. Und du weißt auch, dass ich täglich am Spinnrad sitze, um dir einen Feiertagsrock zu schaffen."

„Wann wird der denn fertig sein?" versetzte Anders. „Ihr hättet Pälle, den alten Gaul, verkaufen können – statt Vaters besten Rock. Aber Ihr seid eitel und wollt Pälle bloß behalten, um mit ihm zur Kirche fahren zu können. Irgendwelchen Nutzen haben wir sonst von ihm nicht, er frisst den Kühen bloß das Futter weg. Das beste und richtigste wäre, ihn zu verkaufen."

„Mein Sohn", sagte die Mutter, „Pälle ist alt, und er hat uns viele Jahre gedient, deshalb verkaufe ich ihn ungern, nicht aus Eitelkeit! Und ich weiß auch, dass Pälle so manchen Reichstaler für

uns verdient, wenn die Nachbarn sich ihn auslei-
hen. Sollte es aber wirklich das richtigste sein,
ihn zu verkaufen, so werde ich mich nicht dagegen sträuben – wenn ich nur einen guten Herrn
für ihn finde. Allerdings wird es mir schwer fallen, mich von dem treuen Tier zu trennen. Künftig werde ich dann wohl nie mehr zur Kirche können. Aber – mag es denn so sein."

„Ein sanftes Wort stillt den Zorn", lehrt die
Heilige Schrift, und die Worte der Mutter waren
so mild und würdevoll gesprochen, dass Anders
darauf nichts erwidern konnte. Doch in seinem
Innern spürte er einen Stich. Er stand ungestüm
auf, schob die kleine Maja beiseite, sodass sie
beinahe umgefallen wäre, und ging hinaus, wo-
bei er die Tür heftig hinter sich zuschlug.

Dies alles tat Mutter Margret schrecklich
weh – wusste sie doch, dass sie auch für den
Stiefsohn ein mütterliches Herz hegte und dass
sie diese Schroffheit von seiner Seite nicht ver-
diente. Zugleich aber leuchtete ihr ein, dass Anders, was das Pferd betraf, Recht haben mochte:
Vielleicht wäre es das Klügste, Pälle wegzuge-
ben. Der Gedanke aber, dass sie nicht mehr zur

Kirche könnte – die lag gut eine Viertelmeile von der Waldkate entfernt –, drückte sie schwer.

Die Kinder begriffen nicht, was in den Bruder gefahren war. Sie aßen und tranken nach Herzenslust. Als die Mutter sie satt und zufrieden sah, schlug sie ihnen vor, einen Teil des Abendessens für die „Blumenmuhme" im Armenhaus aufzuheben. Damit waren die Kinder herzlich einverstanden. Brot und andere Speisen wurden in ein blaukariertes Taschentuch gebunden und das Bündel für den nächsten Tag bereitgelegt. Das wollten sie mitnehmen, wenn sie zur Christmette führen. Sie sollten selber zum Armenhaus gehen und es der „Blumenmuhme" geben.

Dann legten sich die Kinder zum Schlafen auf eine große, goldgelbe Strohgarbe, die sie eigens zum Weihnachtsfest in die Hütte geschleppt hatten. Sie kleideten sich nicht aus, damit sie am Morgen umso eher fertig wären. Beide bekamen von der Mutter ein weißes Taschentuch, das sie unter dem Kopf auf das Stroh legten. Bald schliefen sie ein, während die Schimmer des Herdfeuers über sie hin tanzten.

Anders kam schweigend herein und legte sich nieder, ohne „Gute Nacht" zu sagen. Als letzte ging die Mutter zu Bett, nachdem sie in der Hütte aufgeräumt, das Geschirr abgewaschen, alles wieder an seinen Platz gestellt und aufs Feuer Holz nachgelegt hatte. Es sollte während der ganzen Heiligen Nacht brennen.

Als sie dann im Bett lag, konnte sie nicht einschlafen. Sie hatte sorgenvolle Gedanken und hörte, wie sich Anders in seinem Bett hin und her wälzte. Sie überlegte, ob sie noch einmal mit ihm reden solle, ihm sagen, dass er ihr unrecht und weh getan habe. Schlug nicht ihr Herz mütterlich für ihn, obwohl sie nicht seine richtige Mutter war? Was sollte sie tun? Es war doch Heiligabend, und da sollte man nicht in Unfrieden auseinander gehen! Leise rief sie: „Anders, bist du wach?" Doch der antwortete nicht, sondern lag reglos. Da meinte die Mutter, er sei wohl eingeschlafen.

Sie blieb still liegen, wandte nun ihre Gedanken zu Gott und bat ihn, die bittere und verdrießliche Sinnesart des Jünglings zu ändern. Und während sie betete, wurde sie ruhiger. Sie drehte sich um und sah nach ihren Kleinen. Der Schein des Feuers tanzte weiterhin über ihre rotbäckigen Gesichter. Schließlich schlief sie ein.

Als sie wieder erwachte, war es ganz dunkel in der Hütte. Da überkam sie Angst, und sie fühlte eine schwere Last in ihrem Kopf und ihrem Herzen. Der Tod ihres Mannes, Anders' verbittertes Gemüt und seine Vorwürfe, ihre Einsamkeit und die düstere Zukunft, die vor ihr lag, all das stürzte nun auf sie ein wie eine riesige Schneelawine und drohte sie völlig zu verschütten. Sie hörte in sich Anders' bittere Worte: „Wozu soll man leben?" Und sie verspürte den Wunsch, nicht mehr aufzustehen, sondern für immer ganz still liegen zu bleiben.

Doch sie stand auf, kleidete sich an, machte wie üblich Feuer und setzte den Kaffeekessel auf den Herd. Zwar gehörte sie nicht zu den verschwenderischen Bäuerinnen, die alle Tage Kaffee tranken, doch dem Weihnachtsfest zu Ehren sollte nun das ganze Haus mit Kaffee bewirtet werden.

Dann zündete sie die am Abend bereitgestellte Kerze an der Weihnachtstanne vor dem

Fenster an und weckte die Kinder: „Zur Christmette, Kinder, zur Christmette!"

Die Kleinen richteten sich schlaftrunken auf und rieben sich den Schlaf aus den Augen. Da sahen sie das Licht an der Weihnachtstanne brennen, und es fiel ihnen ein, dass Weihnachten war und dass sie zur Christmette fahren wollten. Sie sprangen auf und waren im Nu ganz munter.

Die Mutter bereitete das Frühstück für sie und Anders, ging danach hinaus, um die Kühe zu melken und nach den anderen Tieren zu sehen. Als das getan war, zog sie sich und die Kinder zur Kirchfahrt an, während Anders, nach wie vor schweigsam und mürrisch, hinausging, um Pälle vor den unterkuften Leiterwagen zu spannen.

Als der Schlitten vor der Tür stand, trat Mutter Margret mit ihren Kleinen in Feiertagskleidung, mit dem Gesangbuch und einem weißen Taschentuch in der Hand, aus der Hütte. Der Morgenstern und der Mond standen hell am Himmelsgewölbe über dem dunklen Tannenwald und leuchteten heiter über den frisch gefallenen Schnee.

Die Witwe dachte: Wie viel Schönes doch

Gott für die Menschen geschaffen hat! Und mit tiefen Atemzügen sog sie die frische Winterluft dieses klaren Morgens ein.

Pälle, der arme alte Pälle, ahnte nicht, dass man daran dachte, ihn zu verkaufen. Er war munterster Stimmung, wieherte, wedelte mit den Ohren, drehte den Kopf hin und her, scharrte mit den Hufen im Schnee und gebärdete sich fast wie ein Fohlen.

Alsbald saß die Witwe mit den beiden Kindern im Schlitten, Anders stand dahinter auf den Kufen und lenkte. Pälles Glöckchen bimmelte lustig, während sie auf dem Gemeindeweg durch Wald und Feld dahinfuhren. Der Morgenstern strahlte auf die weißen Flächen und die schneebeschwerten Tannen längs des Fahrweges. Hier und dort sah man auch Lichter im Wald funkeln.

Die Kleinen waren recht geschwätzig. „Seht doch", riefen sie, „die Lichter im Gutshof, ein Licht in jedem Fenster! – Und dort, bei der alten Brita auf dem Hügel ist auch Licht! Und dort, dort, ganz weit hinten im Wald auch! Seht doch ...! Nein, drei Lichter im Pförtnerhäuschen, am

Weihnachtsbaum, hinterm Fenster! Seht doch nur, den ganzen Weg lang leuchtet's! Wie schön! Ist es in der Christmette noch schöner, Mutter?"

„Ihr Dummchen", sagte die Mutter, „die Christmette ist auf ganz andere Art schön!"

Nun waren sie auf der Landstraße, und da kamen viele Leute gefahren, die zur Kirche wollten. Es war ein riesiger Zug von kleinen Schlitten mit bimmelnden Glöckchen, sodass den Kindern fast schwindelig wurde. Als sie aus dem Wald hinausfuhren und auf eine Anhöhe gelangten, lag vor ihnen ein offenes Tal, und im Hintergrund hob sich vor dunkelgrünem Wald die weiße Kirche ab. Die Turmspitze zeigte hoch zum Himmel, und aus allen Fenstern strahlte Licht.

Auf einmal begannen die Kirchenglocken zu läuten. Die Kinder verstummten; es wurde ihnen ganz feierlich, ganz seltsam zumute.

Bald waren sie am Ziel. Die Glocken läuteten noch, Gesang und Orgelbrausen tönte aus der Kirche. Ringsumher war es dunkel. Der Mond war untergegangen. An der Außenseite der Kirchenmauer drängten sich dicht an dicht, kleine Schlitten mit vorgespannten Pferden, die ruhig dastanden und Heu kauten. Zwischen ihnen fand nun auch Pälle seinen Platz. Er hatte ein großes Büschel vom besten Futter als Weihnachtsfrühstück – und eine Decke über sich, sodass er während der Wartezeit nicht zu frieren brauchte. Die Kätnerin tätschelte ihm liebevoll den Hals und dachte: Danke, lieber alter Freund, vielleicht ist es das letzte Mal, dass du mich zur Kirche gebracht hast!

Mit den Kindern an der Hand ging sie dann über den Kirchhof, zwischen den stillen Grabmälern, die sich während der Nacht alle mit dicken Schneemänteln bedeckt hatten.

„Wisst ihr noch, Kinder", fragte sie, „was ich euch über die Christmette gesagt habe?"

„Ja", antwortete der kleine Per, „die ist, weil ... weil ..."

„Weil unser Herr und Heiland Jesus Christus in der Heiligen Nacht geboren wurde", fiel die kleine Maja eifrig ein.

„Ja, liebe Kinder", sagte die Mutter, „denkt nur daran, dass er für uns gelebt hat und gestorben ist und dass er uns Gottes Güte und Willen offenbart hat."

„Und seine Geburt feiern wir in der Christmette", ließ sich die kleine Maja wieder vernehmen.

„Ja", fuhr die Mutter fort, „er ist das Licht der Erde, und er hat das Leben für uns erhellt. Deshalb zünden wir zur Erinnerung an seine Geburt Kerzen an."

Als sie in die Kirche traten, sang die Gemeinde: „Gegrüßt sei, schöne Morgenstund'!"

Aber die Kinder achteten jetzt nicht auf den Gesang. Sie schauten nur und staunten. Soviel Licht, soviel Licht! Die vier großen Kronleuchter, die im mittleren Gewölbe hingen, waren ganz mit Kerzen besteckt, auf dem Altar brannten Kerzen in hohen Leuchtern, und auch auf der Empore stand ein Licht neben dem anderen, aus den Wänden streckten sich vergoldete Arme, die ganze Bündel von Kerzen hielten, und an jeder Bank brannte ein Licht, sodass der ganze Mittelgang einer Allee von Flammen glich. Wohin man auch sah – überall erstrahlte Kerzenlicht.

Die Bänke waren mit Menschen Kopf an Kopf besetzt. Die Kinder hatten noch niemals so viele Menschen gesehen und dachten, sie würden keinen Platz finden. Doch auf einer Bank rückten die Leute zusammen. Eine freundliche Bauersfrau nahm die kleine Maja auf den Schoß, die Mutter hob den kleinen Per auf ihre Knie, und so konnten sie alle sitzen.

Die Kinder blickten immerfort um sich. Sie hatten nur Augen für die glitzernde Pracht. Die Mutter aber hatte sie und alles um sich her bald vergessen, denn gerade als sie das Gesangbuch aufschlug, um in das Lied einzustimmen, sang die Gemeinde:

> „Wie uns sind Tränen ihm nicht fremd,
> in unsrer Not, die arg uns hemmt,
> weiß Hilfe er, lässt Labsal fließen,
> verkündet seines Vaters Rat,
> wird Süße einer ew'gen Gnad'
> in unsern Sorgenkelch einst gießen."

Da löste sich der Schmerz, den die Witwe in ihrem Herzen getragen hatte, löste sich auf in Tränen, die wie Balsam auf sie wirkten.

Nun betrat der Pfarrer die Kanzel. Er war ein noch junger Mann, mit einem guten Gesicht, das

Ernst und Herzlichkeit ausdrückte. Man wusste, dass er – der Sohn des alten Unterpfarrers – in seiner Armut viel Gutes tat, dass er frohen Herzens von Hütte zu Hütte ging, die Kranken tröstete, den Kindern vorlas und ihnen von Christus erzählte.

Es berührte die Witwe – und noch jemanden in der Kirche – auf seltsame Weise, als sie die ersten Worte des jungen Pfarrers hörten: „Warum und wozu leben wir?"

Mutter Margret konnte nicht umhin, einen flüchtigen Blick auf Anders zu werfen. Da sah sie, dass er verwundert zu dem Pfarrer aufblickte, so als habe dieser ihn persönlich angesprochen.

Und das tat er. Er sprach gleichsam zu jedem Einzelnen. Besonders wandte er sich an die Armen, an all die in der Welt Geringgeachteten, wies darauf hin, dass der Heiland, als einer von ihnen geboren, sich auf ihrer Lebenswanderung zu ihnen gestellt und ihnen erklärt habe, weshalb und wozu sie lebten und wie herrlich das Leben hier und in der Ewigkeit sei, wenn sie *eins* mit ihm und durch ihn *eins* mit Gott geworden seien. Dann sprach er von diesem Leben, wie schön es auch in der kleinsten Hütte sein könnte, da ein jeder, auch der scheinbar Unbedeutendste, durch sein Leben für das Reich Gottes und das Werden der Herrlichkeit wirken könne, nach der sich alle sehnten. Jeder Mensch könne – als Mutter, Schwester oder Bruder – in dieser Arbeit dem göttlichen Heiland folgen und dann in die himmlischen Wohnungen aufgenommen werden.

Da erschien dieses kleine Leben auf einmal groß und reich, so voller Zukunft und Freude, dass die Witwe das Bedürfnis hatte, Gott dafür zu danken, dass sie geboren war. Und in diesem Augenblick hatte sie das Gefühl, als würde ihr künftig nichts mehr zu schwer werden. Alles Schwere würde einst ein Ende haben. Gottes Güte und Herrlichkeit währte ewiglich – das war gewiss.

Als die Predigt zu Ende war, musste Mutter Margret wieder den Kopf wenden und zu Anders hinüberschauen. Da sah sie in seinen Augen ein Leuchten, wie sie es noch nie zuvor bei ihm wahrgenommen hatte.

Die Gemeinde sang ein weiteres Lied. Danach verließen einige der Mettebesuchter die Kirche, die anderen blieben noch sitzen. Eine halbe Stunde später sollte der Hauptgottesdienst beginnen. Inzwischen war es Tag geworden, und die Kerzen in der Kirche wurden gelöscht.

Die Witwe ging mit ihren beiden Kleinen hinaus. Die Kinder wollten nun im Armenhaus die „Blumenmuhme" bewirten.

Die Alte war eine bleiche, doch hübsche Frau, auf beiden Augen blind, sodass der schwarze Punkt in ihrem Augenstern ganz fehlte. Das sei so gekommen, erzählte sie, als sie sich die heftig schmerzenden Augenzähne habe herausreißen lassen. Das sei nun zehn Jahre her. Vordem war sie in der Gegend umhergezogen, brachte kleinen Kindern das Lesen bei und fertigte aus farbigem Papier prächtige Blumensträuße, die sie in gefaltete Pappschachteln steckte und an die verschenkte, die sie freundlich beherbergt hatten. So war sie an die fünfzehn Jahre in der Gegend umhergewandert, ohne dass jemand ihren Namen und ihre Herkunft kannte. Man wusste nur, dass sie von irgendwo weit her stammte. Niemals sprach sie von sich oder ihren Angehörigen, und so hieß es, etwas Seltsames sei mit ihr, man

könne aber sehen, dass sie von „besseren Leuten" komme. Und da sie so geschickt, von net-
tem und sanftmütigem Wesen, zudem sauber
und ordentlich war, schätzte man sie allgemein
und nannte sie überall „die Blumenmuhme".
Bauern und Kätner beherbergten sie gern einige
Wochen bei sich. Seit sie blind geworden war,
keine Blumensträuße mehr machen, die Kinder
nicht mehr Lesen lehren und sich selbst nicht
mehr versorgen konnte, lebte sie im Armenhaus
der Gemeinde. Dort besuchten die Leute sie
sonntags und brachten ihr etwas zu essen: ein
paar Eier, ein wenig Butter oder anderes, was einem alten Gaumen gut tut.

Als die Waldkätnerin das Armenhaus betrat,
saß die „Blumenmuhme" in Sonntagskleidung
auf ihrem Bett. Der Fußboden war mit Wacholder-
reisig bestreut, und es duftete so frisch wie im
Wald. Die „Blumenmuhme" war noch bleicher
als sonst, doch ihr kluges, mildes Gesicht wirkte
heiterer denn je, seit sie erblindet war.

Nachdem die Witwe mit ihr über dieses und
jenes geplaudert hatte und sich schließlich nach
ihrem Befinden erkundigte, antwortete die Frau:

„Gott sei gedankt, in letzter Zeit habe ich viel Hoffnung gefasst, denn jetzt kann ich manchmal einen leichten Schimmer sehen. Es ist kein Sonnenschein – vielmehr glaube ich, es ist ein Schein, der mir verkündet, dass ich mich dem Land nähere, wo die Augen des Blinden geöffnet werden und die Herrlichkeit des Herrn schauen dürfen."

Diese Worte und das heitere Gesicht der Blinden bewahrte die Witwe in ihrem Herzen unter den lichten Eindrücken dieser Morgenstunde.

Dann, ehe der zweite Gottesdienst begann, sah man sie neben dem Bauern vom Großhof bei Pälle stehen. Beide tätschelten und klapsten das Pferd. Der Großbauer, so sagten einige, habe danach ausgesehen, als sei er um ein Pferd reicher geworden.

Die Sonne stand hoch am Himmel, als der Hauptgottesdienst zu Ende war und die Glocken ausläuteten. Im Nu war die Kirche leer, und nach allen Richtungen sah man die Kirchgänger fröhlich davonlaufen und davonfahren, auf Steigen und Wegen, über schneebedeckte Berge und Hügel. Auf dem Lande heißt es nämlich, dass demjenigen, der am Weihnachtstag als erster von der Kirche nach Hause gelangt, vergönnt sein werde, im nächsten Herbst als erster seine Ernte einzubringen.

Die Witwe hatte es nicht eilig, sie fuhr mit ihren Kindern als allerletzte von der Kirche fort. Das von der Sonne beleuchtete Land schien, vom glänzendweißen Laken bedeckt, im Winterschlaf zu liegen. Auch der dunkle Kiefernwald, mit einer Nachtmütze von Schnee auf dem zottigen Schopf, sah aus, als sei er in tiefen Schlummer versunken. Schweigend fuhr Mutter Margret mit ihren Kindern durch den Wald. Die Kleinen waren hungrig und verfroren. Was Anders dachte, wusste man nicht. Pälle aber dachte natürlich an die Mittagsmahlzeit; er rannte aus Leibeskräften heimwärts und sein Glöckchen bimmelte lustig.

Bald stand Pälle wieder im Stall und ließ sich vernehmlich das Weihnachtsfutter schmecken. Und bald saß auch Mutter Margret mit den Kindern am Mittagstisch und aß von dem köstlich dampfenden Kohl- und Fleischgericht. Nach dem Essen trank man zu Ehren des Festes noch einen Schluck Kaffee.

Als die Abenddämmerung hereingebrochen war und sie alle um den Herd saßen, in dem das Weihnachtsfeuer prasselte, sagte die Mutter: „Nun, Kinder, möchte ich wissen, ob ihr etwas von der Predigt des jungen Pfarrers in der Christmette behalten habt." Aber ach, die Kleinen erinnerten sich an kein Wort. Nein, sie hatten einfach nichts gehört. „Da war soviel Licht", sagten sie, „dass wir nichts hören konnten."

Deshalb wiederholte die Mutter, was der Pfarrer gesagt hatte, freilich auf ihre Weise, sodass die Kinder es besser verstanden. Per und Maja waren liebe und kluge Kinder. Sie begriffen und beherzigten, was die Mutter ihnen sagte. Dann durften sie mit den Papierblumen und den anderen kleinen Gaben spielen, die sie von der „Blumenmuhme" bekommen hatten.

Mutter Margret und ihr ältester Sohn blieben allein vor dem Herd sitzen. Anders saß mit verschränkten Armen und gebeugtem Kopf da und starrte ins Feuer. Die Mutter sah ihn an. Seit dem gestrigen Abend hatte er ihr noch kein freundliches Wort gesagt, doch es kam ihr vor, als habe irgend etwas sein Inneres erweicht.

Nach einer Weile brach sie das Schweigen. Zuvor musste sie einen Seufzer unterdrücken, der ihr fast die Stimme erstickt hätte. Sie sagte: „Anders, ich habe über das nachgedacht, was du gestern Abend gesagt hast: Wir sollten Pälle verkaufen. Ich habe mit dem Großbauern gesprochen. Er würde Pälle für hundert Reichstaler nehmen. Morgen will er kommen und ihn abholen und die Hälfte der Kaufsumme sofort bezahlen. Die sollst *du* haben, Anders. Und du kannst damit machen, was immer du möchtest. Du bist vernünftig genug, für dich selbst zu sorgen. Ich möchte nur, dass du, mein Sohn, mich nicht mehr deine Stiefmutter nennst, denn ich habe deinen Vater sehr lieb gehabt."

Die Witwe konnte ihre Tränen nicht zurückhalten.

Anders stand auf. Es war, als sei eine Eiskruste um sein Herz mit einem Mal geschmolzen. Seine Lippen zitterten, als er sagte: „Nein, Mutter, Ihr sollt Pälle nicht verkaufen . . . Der Großbauer soll ihn nicht haben . . . Ihr sollt ihn behalten! Und jeden Sonntag will ich Euch mit ihm zur Kirche fahren . . . Ich hab Euch Unrecht getan, Mutter ... Ich weiß jetzt, dass Ihr mich mögt ... Und ich weiß jetzt auch, warum ich leben möchte ... Ich will unsere kleine Wirtschaft so in Ordnung halten, dass wir uns nicht schämen brauchen, und genug Futter für Pälle schaffen, solange er lebt ... Dafür werd ich sorgen. Von jetzt an soll alles anders werden ... Sei nicht mehr traurig über mich, Mutter! Gott hat ..."

Er verstummte, konnte nicht weiterreden, weil jetzt die kleine Maja mit ihren Blumen zu ihm kam und ihn bat, daran zu riechen. Da nahm er sie in seine Arme und gab ihr einen Kuss.

„Gottes Frieden!" ertönte plötzlich eine freundliche Stimme von der Tür her. Herein trat der junge Pfarrer, der in der Christmette gepredigt hatte. Er hatte von dem Kummer der Kätnerswitwe gehört und kam nun, um sie zu trösten.

Wie er fand, war hier dank dem, von welchem er in der Morgenstunde gepredigt hatte, inzwischen Freude eingekehrt. Doch er verweilte lange in der Hütte, sprach mit der Witwe und mit Anders, dessen Herz völlig verwandelt schien. Er versprach, ihm Bücher zu leihen, und lud ihn zu sich ein. Er wollte einige junge Leute aus der Umgebung unterweisen, und mit ihnen vierstimmigen Gesang einüben; Anders sollte einer von ihnen sein, weil er von seiner schönen Stimme gehört hatte.

Als der Pfarrer ihm zum Abschied die Hand schüttelte, hatte er das Empfinden, als seien ihm an diesem Tag Vater, Mutter und Bruder geschenkt worden.

Fortan zeigte sich Anders völlig verändert. Zwar wurde er kaum gesprächiger oder vergnügter – jeder hat nun einmal sein eigenes Wesen – aber alle mochten ihn, und man sah, dass er sich freute zu leben. In der Kirche sang er, dass man ihm mit Lust zuhörte. Zu Hause vergaß die Witwe, dass er nicht ihr leiblicher Sohn war. Ein leiblicher Sohn hätte seiner Mutter nicht herzlicher zugetan sein können. Und wenn er auch von Natur schweigsam war, sah man ihn nie mehr mürrisch. Es schien zuweilen, als leuchte etwas in ihm. Und die kleinen Geschwister sagten dann zueinander oder zur Mutter: „Jetzt ist in Anders Christmette."

Julbord
Das schwedische Weihnachtsbüfett

Das schwedische Wort „Smörgåsbord" bedeutet eigentlich „Tisch mit belegten Brötchen" – eine Bezeichnung, die durchaus irreführend ist, schließlich finden sich auf dem schwedischen Traditionsbüfett nicht nur zahlreiche Sorten sill (Hering) mit verschiedenen Soßen neben gravad lax (gebeiztem Lachs), Aal und Kaviar, sondern auch Salate, Wurstaufschnitt, kalte und warme Bratenscheiben (ja, auch Elchbraten!), köttbullar (kleine Fleischbällchen), Kartoffelgerichte wie das berühmte Janssons frestelse („Janssons Versuchung", ein Kartoffelgratin mit Sahne, Dill und Anchovis), verschiedene Käsesorten und natürlich eine stattliche Anzahl von Desserts.

Die Tradition des Selbstbedienens gehört zum Selbstverständnis schwedischer Gastlichkeit – jeder nimmt, wie oft und wie viel er mag. Gerade an Weihnachten, einem Fest, zu dem traditionell viele Gäste zum Essen eingeladen werden, hat diese Form der Gastfreundlichkeit natürlich eine besondere Bedeutung.

Auf dem Julbord – der weihnachtlichen Version des Smörgåsbord – spielt eine Reihe traditioneller Gerichte die Hauptrolle. Sie haben ihren Ursprung in alten Festtagsbräuchen und sind dabei selbstverständlich auch den Konservierungsmethoden der damaligen Zeit verpflichtet: Alle Gerichte sind lange im Voraus vorbereitet und gut haltbar! Der Verzehr von lutfisk (Dörrfisch) *ist das Überbleibsel eines mittelalterlichen Fastenbrauchs zur Weihnachtszeit,* julskinka (Weihnachtsschinken) *und* julkorv (Weihnachtswurst) *gehen auf den Brauch des Schweineschlachtens zurück, das man sich in alter Zeit für die Festtage aufhob.*

Da Weihnachten in Schweden nicht nur eine besinnliche, sondern immer auch eine gesellige Angelegenheit ist, stehen beim Julbord zwei Menübestandteile im Vordergrund, die die ganze

Familie zusammenbringen: Beim dopp i grytan *wird eine Scheibe Roggenbrot in heiße Schinkenbrühe getaucht, die in einem Kessel in der Mitte des Tisches steht. Und als Nachtisch gibt es* risgrynsgröt, *den berühmten Milchreis mit der Mandel, den wir alle aus Astrid Lindgrens Kinderbüchern kennen: Wer die im Reis versteckte Mandel findet, wird im kommenden Jahr heiraten!*

So viel gehaltvolle Speise lässt sich natürlich am besten beim Tanz um den Weihnachtsbaum verdauen! Abgerundet wird der Weihnachtsabend dann mit einer Tasse glögg *(mit Wodka, Rosinen und Mandeln verfeinerter Glühwein) und ein paar* pepparkakor *(Pfefferkuchen).*

Pepparkakor
Pfefferkuchen

400 g Zucker
150 ml Sirup
150 ml Wasser
300 g Butter
1 Esslöffel Zimt
1 Esslöffel Ingwerpulver
1 Esslöffel Backpulver
ca. 600 g Mehl

Zucker, Sirup und Wasser vermischen und unter Rühren in einem Topf erhitzen, bis sich der Zucker gelöst hat. Die Butter in der etwas abgekühlten Mischung zum Schmelzen bringen. Mehl und Backpulver vermischen und zusammen mit den Gewürzen unterrühren. Etwas Mehl auf den Teig streuen, zudecken und über Nacht kalt stellen.

Am nächsten Tag den Teig auf einer leicht bemehlten Arbeitsfläche dünn ausrollen und mit einer Plätzchenform vorsichtig kleine Pfefferkuchen ausstechen. Den Backofen auf 175 °C vorheizen. Die Pfefferkuchen auf einem mit Backpapier ausgelegten Backblech verteilen und ca. 8–10 Minuten backen und dann auf einem Kuchengitter abkühlen lassen.

Glögg
Schwedischer Glühwein

Für zwei Liter:

0,2 l Wodka

1 Stückchen Ingwer

2 Zimtstangen

8 getrocknete Nelken

1 Teelöffel Kardamomkerne

1 Stückchen Orangeat

Zucker

ganze geschälte Mandeln

Rosinen

etwas Portwein

2 Liter Rotwein

Ingwer, Zimtstangen, Nelken, Kardamom und Orangeat über Nacht in Wodka ziehen lassen. Die Flüssigkeit durch ein Sieb gießen und von dem Wodka-Kräuter-Extrakt auf jeden Liter Rotwein 100 ml zufügen, erhitzen und mit etwas Portwein und ca. 40 g Zucker abschmecken. Pro Tasse einige Mandeln und Rosinen mit dem heißen Glögg aufgießen.

Risgrynsgröt
Milchreis

3/4 l Milch

100 ml süße Sahne

1 Vanilleschote

1 Prise Salz

160 g Rundkornreis

nach Geschmack: 1–2 Nelken

1 geschälte Mandel

ca. 100 g Butter in Flöckchen

80–100 g Zucker

2 Teelöffel gemahlener Zimt

Vanilleschote aufschneiden und ausschaben. Die Milch mit Vanillemark, restlicher Schote, Salz und ggf. den Nelken zum Kochen bringen. Gewaschenen Reis hineingeben, aufkochen lassen und bei geschlossenem Deckel quellen lassen, bis der Reis weich geworden ist. Dabei regelmäßig umrühren und nach einiger Zeit die Sahne unterziehen. Die Vanilleschote und ggf. die Nelken entfernen und die Mandel unterrühren.

Zimt und Zucker vermischen und den Reis damit abschmecken. Backofen auf 180 °C vorheizen. Weichgekochten Reis in eine eingefettete Auflaufform geben, mit Butterflöckchen bestreuen und ca. 10 Minuten backen.

Dazu schmeckt Kirschkompott.

Die Heilige Nacht

Als ich fünf Jahre alt war, hatte ich einen großen
Kummer. Ich weiß kaum, ob ich seitdem einen
größeren gehabt habe. Das war, als meine Großmutter starb. Bis dahin hatte sie jeden Tag auf
dem Ecksofa in ihrer Stube gesessen und Märchen erzählt. Ich weiß es nicht anders, als dass
Großmutter dasaß und erzählte, vom Morgen
bis zum Abend, und wir Kinder saßen still neben

ihr und hörten zu. Das war ein herrliches Leben. Es gab keine Kinder, denen es so gut ging wie uns.

Ich erinnere mich nicht an sehr viel von meiner Großmutter. Ich erinnere mich, dass sie schönes, kreideweißes Haar hatte und dass sie sehr gebückt ging und dass sie immer dasaß und an einem Strumpf strickte.

Dann erinnere ich mich auch, dass sie, wenn sie ein Märchen erzählt hatte, ihre Hand auf meinen Kopf zu legen pflegte, und dann sagte sie: „Und das alles ist so wahr, wie dass ich dich sehe und du mich siehst."

Ich entsinne mich auch, dass sie schöne Lieder singen konnte, aber das tat sie nicht alle Tage. Eines dieser Lieder handelte von einem Ritter und einer Meerjungfrau, und es hatte den Kehrreim: „Es weht so kalt, es weht so kalt, wohl über die weite See."

Dann entsinne ich mich eines kleinen Gebets, das sie mich lehrte, und eines Psalmverses.

Von allen den Geschichten, die sie mir erzählte, habe ich nur eine schwache, unklare Erinnerung. Nur an eine einzige von ihnen erinnere ich mich so gut, dass ich sie erzählen könnte. Es ist eine kleine Geschichte von Jesu Geburt.

Seht, das ist beinahe alles, was ich noch von meiner Großmutter weiß, außer dem, woran ich mich am besten erinnere, nämlich dem großen Schmerz, als sie dahinging.

Ich erinnere mich an den Morgen, an dem das Ecksofa leer stand und es unmöglich war, zu begreifen, wie die Stunden des Tages zu Ende gehen sollten. Daran erinnere ich mich. Das vergesse ich nie.

Und ich erinnere mich, dass wir Kinder hingeführt wurden, um die Hand der Toten zu küssen. Und wir hatten Angst, es zu tun, aber da sagte uns jemand, dass wir nun zum letzten Mal Großmutter für alle die Freude danken könnten, die sie uns gebracht hatte. Und ich erinnere mich, wie Märchen und Lieder vom Hause wegfuhren, in einen langen schwarzen Sarg gepackt, und niemals wiederkamen.

Ich erinnere mich, dass etwas aus dem Leben verschwunden war. Es war, als hätte sich die Tür zu einer ganzen schönen, verzauberten Welt geschlossen, in der wir früher frei aus und ein gehen durften. Und nun gab es niemand mehr, der sich darauf verstand, diese Tür zu öffnen.

Und ich erinnere mich, dass wir Kinder so allmählich lernten, mit Spielzeug und Puppen zu spielen und zu leben wie andere Kinder auch, und da konnte es ja den Anschein haben, als vermissten wir Großmutter nicht mehr, als erinnerten wir uns nicht mehr an sie.

Aber noch heute, nach vierzig Jahren, wie ich da sitze und die Legenden über Christus sammle, die ich drüben im Morgenland gehört habe, wacht die kleine Geschichte von Jesu Geburt, die meine Großmutter zu erzählen pflegte, in mir auf. Und ich bekomme Lust, sie noch einmal zu erzählen.

Es war an einem Weihnachtstag, alle waren zur Kirche gefahren, außer Großmutter und mir. Ich glaube, wir beide waren im ganzen Hause allein. Wir hatten nicht mitfahren können, weil die eine zu jung und die andere zu alt war. Und alle beide waren wir betrübt, dass wir nicht zum Mettegesang fahren und die Weihnachtslichter sehen konnten.

Aber wie wir so in unserer Einsamkeit saßen, fing Großmutter zu erzählen an.

„Es war einmal ein Mann", sagte sie, „der in die dunkle Nacht hinausging, um sich Feuer zu leihen. Er ging von Haus zu Haus und klopfte an. ‚Ihr lieben Leute, helft mir!' sagte er. ‚Mein Weib hat eben ein Kindlein geboren, und ich muss Feuer anzünden, um es und den Kleinen zu erwärmen.'

Aber es war tiefe Nacht, sodass alle Menschen schliefen, und niemand antwortete ihm.

Der Mann ging und ging. Endlich erblickte er in weiter Ferne einen Feuerschein. Da wanderte er dieser Richtung zu und sah, dass das Feuer im Freien brannte. Eine Menge weißer Schafe lag rings um das Feuer und schlief, und ein alter Hirt wachte über der Herde. Als der Mann, der Feuer leihen wollte, zu den Schafen kam, sah er, dass drei große Hunde zu Füßen des Hirten ruhten und schliefen. Sie erwachten alle drei bei seinem Kommen und sperrten ihre weiten Rachen auf, als ob sie bellen wollten, aber man vernahm keinen Laut. Der Mann sah, dass sich die Haare auf ihrem Rücken sträubten, er sah, wie ihre scharfen

Zähne funkelnd weiß im Feuerschein leuchteten, und wie sie auf ihn losstürzten. Er fühlte, dass einer nach seiner Hand schnappte und dass einer sich an seine Kehle hängte. Aber die Kinnladen und die Zähne, mit denen die Hunde beißen wollten, gehorchten ihnen nicht, und der Mann litt nicht den kleinsten Schaden.

Nun wollte der Mann weitergehen, um das zu finden, was er brauchte. Aber die Schafe lagen so dicht nebeneinander, Rücken an Rücken, dass er nicht vorwärts kommen konnte. Da stieg der Mann auf die Rücken der Tiere und wanderte über sie hin dem Feuer zu. Und keins von den Tieren wachte auf oder regte sich."

Soweit hatte Großmutter ungestört erzählen können, aber nun konnte ich es nicht lassen, sie zu unterbrechen. „Warum regten sie sich nicht, Großmutter?" fragte ich.

„Das wirst du nach einem Weilchen schon erfahren", sagte Großmutter und fuhr mit ihrer Geschichte fort. „Als der Mann fast beim Feuer angelangt war, sah der Hirt auf. Es war ein alter, mürrischer Mann, der unwirsch und hart gegen alle Menschen war. Und als er einen Fremden kommen sah, griff er nach seinem langen, spitzigen Stabe, den er in der Hand zu halten pflegte, wenn er seine Herde hütete, und warf ihn nach ihm. Und der Stab fuhr zischend gerade auf den Mann los, aber ehe er ihn traf, wich er zur Seite und sauste, an ihm vorbei, weit über das Feld."

Als Großmutter soweit gekommen war, unterbrach ich sie abermals. „Großmutter, warum wollte der Stock den Mann nicht schlagen?" Aber Großmutter ließ es sich nicht einfallen, mir zu antworten, sondern fuhr fort.

„Nun kam der Mann zu dem Hirten und sagte zu ihm: ‚Guter Freund, hilf mir und leih mir ein wenig Feuer. Mein Weib hat eben ein Kindlein geboren, und ich muss Feuer machen, um es und den Kleinen zu erwärmen.' Der Hirt hätte am liebsten nein gesagt, aber als er daran dachte, dass die Hunde dem Manne nicht hatten schaden können, dass die Schafe nicht vor ihm davongelaufen waren und dass sein Stab ihn nicht fällen wollte, da wurde ihm ein wenig bange, und er wagte es nicht, dem Fremden das abzuschlagen, was er begehrte. ‚Nimm, soviel du brauchst', sagte er zu dem Manne.

Aber das Feuer war beinahe ausgebrannt. Es waren keine Scheite und Zweige mehr übrig, sondern nur ein großer Gluthaufen, und der Fremde hatte weder Schaufel noch Eimer, worin er die roten Kohlen hätte tragen können. Als der Hirt dies sah, sagte er abermals: ‚Nimm, soviel du brauchst!‘ Und er freute sich, dass der Mann kein Feuer wegtragen konnte. Aber der Mann beugte sich hinunter, holte die Kohlen mit bloßen Händen aus der Asche und legte sie in seinen Mantel. Und weder versengten die Kohlen seine Hände, als er sie berührte, noch versengten sie seinen Mantel, sondern der Mann trug sie fort, als wenn es Nüsse oder Äpfel gewesen wären.“

Aber hier wurde die Märchenerzählerin zum dritten Mal unterbrochen. „Großmutter, warum wollte die Kohle den Mann nicht brennen?“

„Das wirst du schon hören“, sagte Großmutter, und dann erzählte sie weiter.

„Als dieser Hirt, der ein so böser, mürrischer Mann war, dies alles sah, begann er sich bei sich selbst zu wundern: ‚Was kann dies für eine Nacht sein, wo die Hunde die Schafe nicht beißen, die Schafe nicht erschrecken, die Lanze nicht tötet und das Feuer nicht brennt?' Er rief den Fremden zurück und sagte zu ihm: ‚Was ist dies für eine Nacht? Und woher kommt es, dass alle Dinge dir Barmherzigkeit zeigen?'

Da sagte der Mann: ‚Ich kann es dir nicht sagen, wenn du selber es nicht siehst.' Und er wollte seiner Wege gehen, um bald ein Feuer anzünden und Weib und Kind wärmen zu können.

Aber da dachte der Hirt, er wolle den Mann nicht ganz aus dem Gesicht verlieren, bevor er erfahren hätte, was dies alles bedeute. Er stand auf und ging ihm nach, bis er dorthin kam, wo der Fremde daheim war. Da sah der Hirt, dass der Mann nicht einmal eine Hütte hatte, um darin zu wohnen, sondern er hatte sein Weib und sein Kind in einer Berggrotte liegen, wo es nichts gab als nackte, kalte Steinwände.

Aber der Hirt dachte, dass das arme unschuldige Kindlein vielleicht dort in der Grotte erfrieren würde, und obgleich er ein harter Mann war, wurde er davon doch ergriffen und beschloss, dem Kinde zu helfen. Und er löste sein Ränzel von der Schulter und nahm daraus ein weiches, weißes Schaffell hervor. Das gab er dem fremden

Manne und sagte, er möge das Kind darauf betten.

Aber in demselben Augenblick, in dem er zeigte, dass auch er barmherzig sein konnte, wurden ihm die Augen geöffnet, und er sah, was er vorher nicht hatte sehen, und hörte, was er vorher nicht hatte hören können.

Er sah, dass rund um ihn ein dichter Kreis von kleinen, silberbeflügelten Englein stand. Und jedes von ihnen hielt ein Saitenspiel in der Hand, und alle sangen sie mit lauter Stimme, dass in dieser Nacht der Heiland geboren wäre, der die Welt von ihren Sünden erlösen solle.

Da begriff er, warum in dieser Nacht alle Dinge so froh waren, dass sie niemand etwas zuleide tun wollten. Und nicht nur rings um den Hirten waren Engel, sondern er sah sie überall. Sie saßen in der Grotte, und sie saßen auf dem Berge, und sie flogen unter dem Himmel. Sie kamen in großen Scharen über den Weg gegangen, und wie sie vorbeikamen, blieben sie stehen und warfen einen Blick auf das Kind.

Es herrschte eitel Jubel und Freude und Singen und Spiel, und das alles sah er in der dunklen

Nacht, in der er früher nichts zu gewahren vermocht hatte. Und er wurde so froh, dass seine Augen geöffnet waren, dass er auf die Knie fiel und Gott dankte."

Aber als Großmutter soweit gekommen war, seufzte sie und sagte: „Aber was der Hirte sah, das könnten wir auch sehen, denn die Engel fliegen in jeder Weihnachtsnacht unter dem Himmel, wenn wir sie nur zu gewahren vermögen."

Und dann legte Großmutter ihre Hand auf meinen Kopf und sagte: „Dies sollst du dir merken, denn es ist so wahr, wie dass ich dich sehe und du mich siehst. Nicht auf Lichter und Lampen kommt es an und es liegt nicht an Mond und Sonne, sondern was Not tut, ist, dass wir Augen haben, die Gottes Herrlichkeit sehen können."

Julskinka
Weihnachtsschinken

4–5 kg Schinken am Stück
2 Esslöffel Senf
1 Esslöffel Zucker
ca. 1 dl Paniermehl

Schinken in Alu- bzw. Bratfolie bei ca. 175 °C einige
Stunden backen. Wenn das Fleischthermometer
75 °C anzeigt, ist der Schinken gar.

Schinken aus Folie nehmen, Brühe für andere Gerichte aufbewahren.

Senf, Zucker, Ei und Paniermehl miteinander vermischen und damit die Oberfläche des Schinkens
bestreichen. Bei ca. 225 °C den Schinken im Ofen
überbacken, bis er eine schöne Farbe hat.

Dazu Rotkohl und dunkles, saftiges, selbstgebacke-
nes Brot.

HJALMAR BERGMAN
Weihnachtsfreude

Die „Alte" war ein fester Bestandteil des Hofes.
Sie hatte auf dem Altenteil gesessen, und als der
Hof unter den Hammer kam, wurde sie unbean-
standet mit übernommen. Darüber gab es nichts
zu verhandeln. Sie aß nur wenig, und immer
machte sie sich irgendwie nützlich, obwohl ihr
Augenlicht getrübt und ihr Gedächtnis umwölkt
war.

Bekam sie Garn, strickte sie den lieben langen Tag. Dass sie einen Teil des Garns für sich behielt, machte nichts aus. Auch daraus wurden
Strümpfe – Weihnachtsgeschenke für Anders
und Jakob, ihre Söhne. Anders aber lag auf dem

Friedhof, und Jakob, der Seemann, war seit Jahr und Tag verschollen. So blieb es schließlich doch immer den Leuten vom Hof vergönnt, Löcher in diese Strümpfe zu reißen.

Aber dass weder Anders noch Jakob von sich hören ließen, nicht einmal zu Weihnachten, das war der große Kummer der Alten. Jakob fuhr ja zur See und konnte eben nichts dafür; dass aber Anders seine alte Mutter einfach so vergessen haben sollte, das grämte und erzürnte sie. Das war bitter.

„Es wird ihn schon irgend etwas abhalten", tröstete die junge Bäuerin, die eine gute Frau war. Und der Bauer, der ein Witzbold war, lachte und sagte: „Drei Schaufeln Erde sind doch wohl ein triftiger Entschuldigungsgrund fürs Ausbleiben, vor Gott wie vor dem Länsmann!"

Das entsprach gewiss der Wahrheit. Aber für die Alte, die kein Gedächtnis hatte, war das nur närrisches Geschwätz, mit dem sich junge Leute in Erwartung der Feiertage vergnügen mochten. Und so verzog sie sich mit Garn und Stricknadeln in die Herdecke.

„Wenn er nicht kommt, ist es nicht zu ändern. Kommt er aber, so soll er doch sehen, wo seine Mutter mit ihren Gedanken gewesen ist!"

Und sie strickte. Das Weihnachtsfest kam, aber kein Anders und kein Jakob. Das war bitter und schwer. Und ebenso bitter war es die nächsten Weihnachten und nächsten und die folgenden in einer langen Reihe.

Einmal Weihnachten aber kam er. Das heißt, Anders war es ja in Wirklichkeit nicht, und auch nicht Jakob.

Es war einfach ein Fremder, ein Mann, der am Weihnachtsmorgen gern etwas zu essen haben wollte, dem es aber noch nicht recht klar war, wo und wie er dazu kommen sollte.

Ohne anzuklopfen, trat er in die Küche und fand die alte Frau schlafend in der Herdecke. Das machte den Fremdling ein wenig verlegen. Er hatte damit gerechnet, dass alle Hofbewohner zu dieser Tageszeit in der Christmette seien. Er versuchte, sich an der Greisin vorbeizuschleichen, ohne sie zu wecken. Aber das glückte ihm nicht.

„Ist das Jakob?" fragte sie.

Der Fremde antwortete: „M-ja-nein."

„Dann ist es Anders!" rief die alte Frau und breitete ihre Arme aus. „Ja, hab ich's nicht gewusst! Komm her, Junge, damit ich dich anfühlen kann! Jesses, Jesses, er ist ja am Weihnachtsmorgen gar nicht rasiert! Willst du nicht zur Mette gehen, Junge?"

Doch, das wollte er schon. Aber er habe so wenig Zeit. Und natürlich sei er auch ganz ausgehungert.

Oh, dem lasse sich abhelfen! Miteinander plaudern könnten sie ja danach. Nun solle die Wurst auf den Tisch und der Schinken und der Branntwein und all das andere!

Doch der Fremde ließ sich nichts anmerken, er sprach sowenig wie möglich, steckte aber in seine Taschen, was er greifen konnte. Es handelte sich zwar meist um Kleinigkeiten ohne großen Wert, jedoch war auch der feinste Seidenschal der jungen Bäuerin darunter, den zur Mette mitzunehmen sie sich nicht hatte entschließen können.

„Iss jetzt, Junge! Hier tischt dir deine Mutter auf", beteuerte die Alte. Denn nun hatte sie die junge Bäuerin und den Bauern und alles andere vergessen. Nur die Strümpfe, die vergaß sie nicht. Drei Paar holte sie hervor. Und dann sagte sie mit einem Augenzwinkern: „Deine Füße sind doch nicht etwa nass, du, Anders?"

Doch, und wie! Und so bekam Anders alle drei Paar, obwohl eigentlich Jakob eines davon hatte haben sollen. Aber Gott wisse, wann der Liederjan komme ...! Im Übrigen solle er nicht glauben, das Geschenk habe irgendeinen Wert, aber immerhin zeige es ihm wohl, an wen sie ständig denke.

Das rührte den Fremden.

„Unsereiner denkt natürlich ... schon auch ... an seine Mutter."

Dann holte er den schönen Seidenschal der jungen Bäuerin hervor. Als die Alte das feine Stück an ihrer Haut spürte, wehrte sie ab, lief weg und versteckte sich in der Herdecke.

„Jesses, Jesses, so ein Schelm! Soll ein altes Weib etwa einen Seidenschal tragen? Solche Narrenpossen!"

Doch, ja, er schwöre darauf, das solle sie! Und dann band er ihr den Schal um, und dann küsste er sie, und dann ging er – zur Christmette.

Als aber die Hofbewohner von der Mette zurückkamen, saß die Alte, vor Freude zitternd und weinend, am Herd, und der feine Schal der jungen Bäuerin war nass von Tränen. Und der Schinken war fort und auch der Weihnachtsschnaps und allerlei anderes mehr.

Das gab einen Wirbel.

Die Alte begriff nichts von alledem, versuchte auch gar nicht zu begreifen. Die Leute schrien und fluchten, und dazu hatten sie wohl auch einigen Grund. Die junge Bäuerin nahm den Schal wieder an sich, und das ging nicht gütlich ab. Der Mann musste die mageren, harten Finger, die das feine Stück festhalten wollten, auseinander biegen.

Das machte nichts. Der Schal war schnell vergessen. Aber die Erinnerung an den Besuch des Sohnes, die behielt die Alte von Weihnachten bis zum Knutstag.

Und das ist eine lange Zeit, eine lange Weihnachtsfreude.

Janssons Frestelse
Janssons Versuchung
(Kartoffelauflauf)

1 kg Kartoffeln
3 Zwiebeln
125–150 g Anchovisfilets
2 dl Sahne
1–2 dl Milch
Butter
Semmelbrösel

Den Backofen auf 200–225 °C vorheizen.

Die Anchovisfilets in kleine Stücke teilen. Die Zwiebeln in dünne Ringe schneiden und in Butter leicht andünsten. Die Kartoffeln schälen und in dünne Scheiben oder Streifen schneiden.

Eine feuerfeste Form einfetten. Die Hälfte der Kartoffeln einfüllen, die Zwiebeln darauf verteilen und mit den Anchovisfilets belegen. Als oberste Schicht die restlichen Kartoffeln einfüllen.

*In der Mitte des Ofens ca. 45 Minuten backen, bis
die Kartoffeln weich sind. Die restliche Sahne gegen Ende der Backzeit zugießen.*

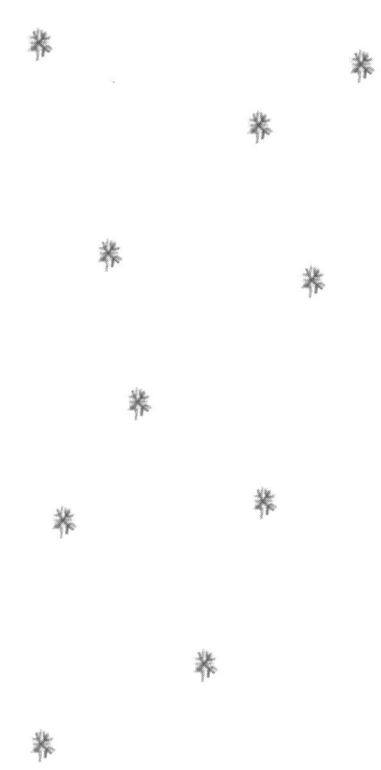

HARRY MARTINSON

Weihnachten in der Gemeinde

Weihnachten kam, und mit ihm die übliche Ge-
schäftigkeit und Heimlichtuerei. Alle Verrichtungen wurden wie immer vom Hauch eines Ge-
heimnisses umgeben. Man versteckte etwas.
Vielleicht ein paar Wollstrümpfe. Im Allgemeinen
wussten die Kinder ganz genau, was es geben
würde, aber sie spielten es dennoch mit, das etwas gekünstelte Weihnachtsversteckspiel.

Berta, die wie alle Mädchen dieses heimlich-
tuerische Leben liebte, sagte:

„Ich kriege eine Boa, das weiß ich. Du be-
kommst Strümpfe und Taschentücher."

Sie alberte herum, streichelte ihren Hals da, wo die Boa sitzen sollte, und wackelte mit dem Hintern wie eine Dame. Martin fand, sie war dumm. Er hatte sich eine Mundharmonika gewünscht. Aber was kramten sie da jetzt eigentlich herum? Jetzt kam eben Weihnachten mit den Wollstrümpfen für ihn.

Es schneite ein wenig, und der Schnee schmolz. Die Tage vergingen. Der höchste Feiertag des volkstümlichen Materialismus brach an. An Heiligabend gefror der Matsch auf den Wegen, Feldern und Höfen. Die Luft blieb stehen. Der Himmel leuchtete violett vor Frost. Zum ersten Mal seit etwa vierzehn Tagen machte Hanna eine Pause. Sie ging hinaus, um nach dem Wetter zu sehen; stand auf der Treppe und nahm einige Schlückchen Frostluft. Von den jungen Kiefern im Wäldchen stieg ein Duft auf, der sich sogar ohne Wind ausbreitete. Sie spürte ihn und da „fiel ihr ein", dass sie auch noch die Kiefernzweige hereinholen musste. Mit einem Seufzen nahm sie ihre Holzschuhe und stapfte hinunter ins Wäldchen. Dort von der Gruppe junger Bäume aus hatte sie zwischen den frischen, wehmutswinterlichen Spitzen der kleinen Kiefern Aussicht über Heide und Wasser. Die abgelegenen Waldrücken schimmerten kaltblau neben ihren jeweiligen Seen: Dammesjön, Rommesjön, Hjortsjön. Die Stille stand kalt, nicht eine Wolke brachte Weihnachten in Unruhe. Auf diese Weise konnte der schneelose Winter sogar mitten am Tag schön sein. Sie blieb zwischen den Bäumen stehen, bis sie anfing zu frieren. Dann machte sie sich wieder auf den Heimweg. Sie hatte da gestanden und sich im Raum verloren und war eine Sekunde lang in einer kühlen Befreiung entschwunden, hatte Wurst, Märchen und das ganze Weihnachtszeug vergessen.

Weihnachten war für sie eine Schinderei, ein festliches Joch, das sie trug, weil sie es nicht anders wagte, nicht anders wusste oder sich nichts anderes vorstellen konnte. Hätte sie es nur gewagt, so hätte sie das Betteln und die gierigen Blicke der Kinder unter dem (in Essen und Wurst ertrunkenen) Weihnachtsstern verabscheut. Hätte sie es nur gewagt, nachzudenken, ja, dann hätte sie auf Weihnachten gespuckt, diese Zeit der besonderen Frauenschinderei. Aber sie wagte es nicht.

Als sie mit ihrem Armvoll glänzendem blaugrünen Reisig zum Hof kam, stolperte sie über einen herausragenden Zweig und schlug mit dem Knie hart auf einem Stein auf. Rasend vor Schmerz vergaß sie allen Frieden.

„Satansstein!" Und mit dem Holzschuh trat sie wütend in den Zweighaufen, in den sie hineingestolpert war.

Der Stein blieb ungerührt liegen. Er konnte schließlich nichts dafür.

Im Morgengrauen fuhren sie zur Weihnachtsmesse: Hanna und Sven mit Klein-Sven, der Magd Berta und Martin, dem Gemeindekind. Sie fuhren mit dem Pferdewagen. Der Federwagen holperte auf dem unebenen Waldweg voran, dessen Wagenspur mit porzellanweißem, klirrend trockenem Eis überzogen war, dünn wie Waffelkekse. Wenn es zerklirrte, sirrte es um die Räder wie von Eisspreu oder Chinesischem Porzellan.

Martin saß im Halbschlaf zwischen den anderen und horchte halb im Traum auf diesen wunderlichen Zithergesang, der mit kleinen Unterbrechungen eine halbe Meile anhielt und an die Engel erinnerte. Auch die anderen hörten zu. Hanna sagte:

– Was für ein furchtbarer Krach. Das Kleine wacht gleich auf. Sie saß mit dem Kleinen in einem unförmigen Schalbündel.

Bald waren sie draußen auf der großen, glatten Straße. Dort waren keine Wagenspuren, und die Wagenleuchten, die angezündet waren, hörten auf zu schaukeln und zu qualmen. Der Wagen lief nun gleichmäßig und angenehm. Da schlief Martin ein, den Kopf an Berta gelehnt. Sie hielt ihn im Arm, und schläfrig spürte er ihre Wärme. Er wachte erst an der Kirche wieder auf.

– Jetzt sind wir da, sagte Berta und richtete ihn auf, stellte ihn auf den Wagenboden. Er war schlaftrunken und noch ganz benommen. Seine Beine waren eingeschlafen.

Sven spannte das Pferd aus und stellte es im Kirchstall unter, der bereits voller von der Fahrt schweißgebadeter, durch die Nachtstunde verstörter Pferde war, die die Köpfe hin und her warfen und sich gegenseitig beißen wollten.

– Heh, schämt euch! Vertragt euch wenigstens am Weihnachtsmorgen!, rief Sven mahnend. Diese Mähren aus Norda sind widerspenstige Biester, fügte er dann hinzu und gab einer der besagten Mähren einen Klatsch mit der Peitsche.

– Wie geht's dem Kleinen, friert er?

Hanna ging fort und stellte sich in eine Ecke des Stalles. Dort wickelte sie sich und das Kind aus und gab ihm die Brust.

– Nein, der friert nicht, sagte sie, ganz stolze Mutter. Sie stand hinter einem Balken im Dunkeln, dort, wo der Lichtschein nicht hinreichte.

– Wenn du fertig bist, gehen wir rauf, sagte Sven. Es fängt gleich an.

– Ich komme, ich komme ja, antwortete sie aus der Ecke.

Die Kirche lag majestätisch auf einer langabschüssigen Erhöhung mitten auf den Feldern. Die hohen, erleuchteten Fensterbögen leuchteten wie die zehn Finger Gottes auf beiden Seiten des Langschiffes. Auf dem Kirchplatz wimmelte es von Leuten: Bauern in Überziehern und mit Melonen auf dem Kopf, linkische Knechte in herunterhängenden Anzügen und hässlichen, achtkantigen Sportmützen. Viele Frauen hatten Tücher um, aber ebenso viele trugen auch Hüte. Es war das Jahr 1913. Die Bauern waren nicht mehr eine Ansammlung von lodenbekleideten Leuten. Sie waren nun die *Allgemeinheit* der schwedischen Landschaften, wenn man mal von denen aus Dalarna absah, die sich als „Gotteigene" etabliert hatten. Man sah sie immer auf den Abbildungen in den Weihnachtszeitungen. Die Kinder wurden mit Dalarna und nochmals Dalarna gefüttert, dieser Landschaft im Norden, die sich gut nährte von der Saat, die sie in die Volksseele setzte.

Martin hatte ein Bild von einem Trachtenmädchen aus Rättvik als Lesezeichen. Damit war ein Bonbon vom Jahrmarkt eingewickelt gewesen.

Jetzt waren Hanna und Klein-Sven fertig, und die zusammengewürfelte Familie aus Vilnäs machte sich auf den Weg zum Kirchplatz, wo sie sich unters Volk mischte.

Wie dazumal schritt die Menge in den Vorraum der Kirche, die Waffenhalle, aber sie hatten keine Schwerter mehr, die sie dort hätten aufhängen können. Die alten Zeiten waren seit langem zu Ende. Die nachgeborenen, gerade mal halb aufgeklärten Bauern mussten sich damit begnügen, an der Tür zur Waffenhalle andächtig ihre Melonen abzunehmen. Der Boden dort drinnen war vor kurzem befestigt und zementiert worden. Ein paar abgeblätterte Wappenschilde hingen an der Wand, Erinnerungsstücke an irgendeinen halb- oder echt dänischen Adel. Fünfzehn Schritte weiter innen sah man, wie sich die Tür im Eichenportal, das in die eigentliche Kirche hineinführte, ständig öffnete und schloss.

– Wir setzen uns wohl auf der Empore, flüsterte Hanna. Da übertönt die Orgel den Kleinen, wenn er anfängt zu schreien.

– Ja, das machen wir, sagte Sven. Da stört er den Pastor nicht.

So machten sie es; sie suchten sich ihren Weg über die modrig riechende Wendeltreppe. Im Gang trafen sie auf erhitzte, nach Schweiß riechende Leute; Leute, die es sich anders überlegt hatten und auf dem Rückweg waren, um unten im Altarraum Platz zu nehmen. Das Echo von den Bewegungen, dem Flüstern, dem Zischeln, dem

Husten der Leute, die ihre Plätze einnahmen, hallte durch die ganze Kirche.

Sven und Hanna gingen voraus. Danach kam Berta, an deren Rock sich Martin klammerte. Er hatte ein bisschen Angst.

Berta war heute bewundernswert liebenswürdig. Geduldig ließ sie ihn sich festklammern und beugte sich auf der Treppe nach vorne, um sie beide im Gleichgewicht zu halten; der Aufgang war steil.

Nun standen sie am Ausgang zur Empore.

– Seid ihr alle da, fragte Sven und wandte sich zu Berta und Martin um, die sich sachte aus dem Treppendunkel nach oben tasteten.

– Ja, wir sind da, sagten sie und blinzelten in den plötzlich aufflackernden Lichtschein, an den sie sich noch nicht gewöhnt hatten. Überall um sie herum brannten Kerzen, aber es ging hoch hinauf bis zur Decke und überall waren Strebepfeiler, Geländer und Balken, die den Lichtschein zerklüfteten. Hie und da blieb trotz der Kerzen eine drückende rotschwarze Dämmerung.

Neben einer kleinen, niedrigen Kerze, die dort brannte, wo der Treppenboden der Empore sich gegen das Langschiff neigte, stand der Bälgetreter gebeugt neben einem Vorsprung des Orgelfelsens. Er war glatzköpfig und wischte sich nervös mit einem geblümten Taschentuch über den Kopf, als wolle er seine Glatzköpfigkeit unter einem ständigen Blütensegen verbergen. Sein Hals war mager. Die Augen groß und glänzend. Die Nase lang. Die Orgelpfeifen ragten vor ihm auf wie die Rückseite einer Basaltgrotte. Der Bälgetreter, der an sich eine unmystisch gesinnte Schusternatur war, flatterte zu Boden wie eine flügellahme, treuherzige Wetterkrähe an den Fuß eines singenden Berges.

Jedes Mal, wenn er zutrat, sank er einen halben Meter in den Boden ein. Martin konnte die Augen nicht von ihm abwenden. Er fand, dass er wie ein Müller aussah. Von hier hinter der Orgel aus gesehen konnte die Kirche genauso gut eine Mühle sein. Nur das Mehl fehlte. Aber Gottes Mühlen mahlen langsam.

Nun gab Gottes Berg ein schwaches, klirrendes Geräusch von sich. Das war der Organist, der vor dem Präludium eine heikle Labialpfeife ausprobierte. Ja, sagte er sich, heute klang die

Stimme des Herrn schon besser. Man konnte hoffen, dass sie sich machte. Dass sie etwas in Schwung kam.

Nun legte er die Hände auf das weiße Holz der Manuale und begann mit Händen und Sinnen das Präludium zu erklettern, das nach und nach anschwoll, sich vorwärts tastete und zu strahlen begann, bis es sich plötzlich meeresgewaltig ausbreitete wie ein Pfauenrad und die ganze Kirche ausfüllte. Ein dunkles, brummendes und wollüstiges Erschaudern erhob Martins Seele. Von den Schultern bis zu den Fersen kam die Wollust über ihn, während sich in seinem Magen eine Kugel aus reinem Schrecken zusammenkrampfte.

Etwas so Sonderbares hatte er noch nie empfunden. Das war also die Kirche. Er glaubte zu ersticken oder zu platzen oder von sieben Gefühlen gleichzeitig zerrissen zu werden. Die Begegnung mit der Orgel formte sich zu einem stürmischen Abenteuer, und ohne dass es ihm bewusst war, nagelte sich ein fürchterlicher Gedanke in seinen Kopf. Und als dieser Gedanke dort festsaß, schrie er los. Sein kreischendes, zitterndes

Angstgeheul tönte wie eine unreine Extra-stimme durch den Orgelsturm. Es kam ihm plötz-lich vor, als säße er, das Gemeindekind, das keine Eltern hatte, *in* der Gemeinde fest. Als sei dies hier die *leibhaftige Gemeinde*.

Er schrie so laut, dass drei oder vier Bauern es trotz der Orgel hörten. Sie sahen ihn missbilli-gend an. Sven und Hanna sandten ihm ebenfalls strafende Blicke und Berta war wütend, das sah man. Sie zog seinen Kopf an ihren Mund und schrie ihm ins Ohr:

– Sei still!!! Was ist denn?

Sie wandte ihm ihr eigenes, zornrotes Ohr zu, um die Antwort zu hören.

– Das hier ist die *Gemeinde*! schrie er. Hilfe, hilf mir!

Sie beugte sich vor.

– Nee du, schrie sie zurück. Dir helfe ich nicht mehr! Heulsuse! schrie sie.

Er wurde so wütend auf sie, dass er sich beru-higte.

Und da ging das Präludium in ein Weih-nachtslied über. Und alle standen auf und fingen an zu singen. Er auch.

Nachdem er Berta aus Rache gegen das Schienbein getreten hatte, stand er auf und fühlte sich in der Menge geborgen. Die Menge sang. Er sang. Oder tat, als ob er sang. Die Menge stand aufrecht wie ein Wald. Und er stand da mitten im Wald und sah zu Berta auf. Tat, als ob er sang.

Ab der dritten Strophe tat es ihm allmählich Leid, dass er getreten hatte.

Das hat bestimmt weh getan, dachte er.

God Jul!
Schwedische Weihnacht

Ein so großes Fest wie das Weihnachtsfest steht nicht einfach plötzlich vor der Tür. Es kündigt sich lange vorher an: Am 1. Dezember dürfen die schwedischen Kinder das erste Türchen ihres Adventskalenders öffnen, und – wichtiger noch – den ersten Teil der jährlich in 24 kurzen Abschnitten gesendeten Julkalender*-Geschichte im Fernsehen ansehen, die meist in einer Adaption eines bekannten Kinderbuchs besteht.*

Weihnachten, das so nahe an der Wintersonnenwende liegt, der dunkelsten Nacht im Jahr, ist in Schweden mehr noch als anderswo ein Fest des Lichts, und so spielt der Kerzenschein auch schon in der Adventszeit eine große Rolle: Am adventsljusstake, *einem Leuchter mit vier langen, in einer Reihe stehenden Kerzen, wird jeden Sonntag ein*

Licht mehr angezündet, und das Fest der Lichter-
königin Lucia am 13. Dezember ist der Höhepunkt
der Vorweihnachtszeit. In vielen Orten wird an den
Adventswochenenden *julskyltning* betrieben, eine
Art Weihnachtsmarkt, bei dem die Geschäfte ihre
weihnachtlichen Angebote an Marktständen vor
dem Ladeneingang anbieten. Selbstverständlich
wird eine so entstehende Marktstraße festlich mit
Laternen geschmückt!

So ein Marktsonntag ist eine gute Gelegen-
heit, ein paar Ideen für Geschenke zu sammeln,
denn das weihnachtliche Schenken ist in Schweden eine Angelegenheit, auf die man sich sorgfältig und langfristig vorbereiten sollte: Lange bevor
man so etwas wie einen Weihnachtsmann mit der
Aufgabe des Geschenkeverteilens beauftragen
konnte, gab es in Schweden bereits den Brauch des
julklapp. *Julklapp*, die schwedische Bezeichnung
für „Weihnachtsgeschenk", bedeutet eigentlich soviel wie „Weihnachts-Geklopfe", und der Name erklärt sich aus der Tradition, die Weihnachtsgaben,
nachdem man einmal heftig an die Tür geklopft
hatte, schnell und möglichst unerkannt in den
Hauseingang des Beschenkten zu werfen. Dieser

hatte dann auf der beiliegenden Karte eine rätselhafte, oft mit ironischen Anspielungen versehene Botschaft zu entschlüsseln, die auf den Schenkenden hinweisen sollte. Aus diesem Brauch erklärt sich die immer noch lebendige Tradition des julklappsrim, *des Weihnachtsgedichts: Ehrensache, dass man seine Weihnachtsgrüße auch heute noch in Reimform darbietet!*

Um den Weihnachtsabend einzuleiten, wird das ganze Haus geschmückt: Kerzenleuchter und kleine Tomte- und Engelsfiguren werden aufgestellt, Tannenzweige aufgehängt und bunte Teppiche ausgelegt, so dass das ganze Haus in festlichem Putz erscheint. Der Weihnachtsbaum hat erst im 18. Jahrhundert Eingang in schwedische Wohnzimmer gefunden und war zunächst der wohlhabenden Bürgerschicht vorbehalten, die diesen Brauch aus Deutschland übernommen hatte. Erst um die Wende zum 20. Jahrhundert hat er sich in allen Bevölkerungsschichten durchgesetzt und ist heute nicht mehr wegzudenken – der Tanz um den Weihnachtsbaum nach einem ausgiebigen Essen ist schließlich vor allem für die Kinder ein wichtiger Bestandteil des Weihnachtsfes-

tes! Mancherorts wird unter dem Baum auch eine
Krippe aufgestellt – im protestantischen Schwe-
den hat sich diese katholische Tradition jedoch bis
heute nicht wirklich durchgesetzt.

Bevor der Weihnachtsmann am Abend endlich
die Geschenke bringt, müssen schwedische Kinder
das lange Warten erleiden, das Kinder wohl über-
all auf der Welt kennen. Dass sich der Nachmittag
vor dem Heiligen Abend in Schweden nicht ganz
so quälend lang hinzieht wie anderswo, mag an
der jährlichen Ausstrahlung klassischer Disney-
Filme im Fernsehen liegen: Kalle Anka, *wie Donald*
Duck auf schwedisch heißt, gehört zu einem rich-
tigen schwedischen Weihnachtsfest heute unbe-
dingt dazu! Diese etwas skurril anmutende Tradi-
tion hat regelrecht „politische" Ursprünge: Die un-
gebrochen kapitalistische Lebensphilosophie der
Entenhausener regelmäßig über die öffentlich-
rechtlichen Kanäle in die schwedischen Wohnzim-
mer zu verbreiten, sah das Schwedische Fernsehen
in den 1960er Jahren nicht als seine Aufgabe an.
Der Beliebtheit der Disney-Figuren zollte man
aber zumindest einmal im Jahr Tribut: Am 24. De-
zember um 15 Uhr. Der in heutiger Zeit immer wie-

der öffentlich geäußerte Vorschlag, angesichts der ständigen Präsenz der Disney-Figuren auf allen Fernsehkanälen dieses traditionelle Weihnachtsprogramm durch Verfilmungen von Astrid Lindgrens Kinderbüchern zu ersetzen, ist wohl wenig aussichtsreich. An Weihnachten hat es selbst Pippi Langstrumpf bislang nicht geschafft, Kalle Anka den Rang abzulaufen!

Den Abschluss der Feierlichkeiten bildet traditionsgemäß die Morgenmette am 25. Dezember: Julottan *findet zwar nicht mehr – wie noch in früheren Zeiten – mitten in der Nacht, aber doch noch deutlich vor Morgengrauen statt. Im winterlichen Schweden bedeutet dies allerdings immer noch einen erträglichen Zeitpunkt: Sieben Uhr früh hat sich allgemein eingebürgert. Vom Trubel der Weihnachtszeit kann man sich in den folgenden Wochen allmählich erholen. Bis zum 13. Januar bleibt der Weihnachtsbaum noch stehen – dann wird er aus dem Fenster geworfen, das erfordert jedenfalls die schwedische Tradition des* Knut. *In den Städten enthält man sich dieser Sitte heute allerdings weitgehend – zumindest, wenn man nicht ebenerdig wohnt!*

TOVE JANSSON

Weihnachten

Je kleiner man ist, desto größer wird Weihnachten. Drinnen unter den Tannenzweigen ist
Weihnachten ungeheuer groß. Weihnachten ist
ein grüner Dschungel mit roten Äpfeln und melancholisch harmonischen Engeln, die sich an ihrem Nähfaden um sich selbst drehen und den
Eingang des Urwaldes bewachen. Und in den
Glaskugeln geht der Urwald weiter, bis in alle
Unendlichkeit; dank des Weihnachtsbaumes
wird Weihnachten zu einem Ort der absoluten
Geborgenheit.

Außerhalb des Baumes liegt das Atelier, und das Atelier ist sehr groß und sehr kalt. Nur ganz vorn beim Kachelofen ist es warm. Das Feuer und die Schatten auf dem Fußboden und auf den säulenähnlichen Beinen der Skulpturen.

Das Atelier ist voller Skulpturen, große weiße Frauen, die schon immer hier gewesen sind. Sie stehen überall und machen ihre unbestimmten, schüchternen Armbewegungen, und sie sehen an einem vorbei, weil sie auf eine ganz andere Art als die Engel desinteressiert und melancholisch sind. Manche haben Tonlappen auf dem Kopf, und die größte hat eine Wäscheleine um den Bauch. Die Wäsche ist nass, und wenn man vorbeigeht, streicht sie einem in der Dunkelheit wie kalte, weiße Vögel übers Gesicht. Abends ist es hier immer dunkel.

Das Atelierfenster darf nie geputzt werden, es hat nämlich so ein besonders schönes Licht, hundert kleine Scheiben, manche dunkler als die anderen, die Straßenlampen draußen schaukeln und zeichnen ein eigenes Fenster an die Wand. Die Wand ist voller Regale, eins über dem anderen, und auf jedem Regal stehen weiße Figuren, allerdings lauter ganz kleine. Sie wenden sich einander zu und voneinander ab, aber ihre Bewegungen sind genauso zögernd und schüchtern wie die der alten großen Frauen. Kurz vor Weihnachten werden sie alle abgestaubt. Aber Mama ist die einzige, die die Figuren anfassen darf, und die Granaten aus dem Freiheitskrieg werden überhaupt nicht abgestaubt.

Papas Frauen sind heilig. Nach dem Gipsabguss interessieren sie ihn nicht mehr. Aber für alle anderen sind sie heilig.

Die Frauen, das Fenster, der Kachelofen – sonst ist das Zimmer voller Schatten. An den Wänden türmt sich eine bedrohliche Masse hoch, die sich nicht erforschen lässt, Eisenkonstruktionen, Kisten voller Ton und Gips, Gipsformen, Holzgerüste, Lumpen und Modellierböcke, und unter und hinter alledem kriecht das Geheimnisvolle mit nachtschwarzen Augen.

Aber in der Mitte ist der Atelierboden leer. Dort steht nur ein einziger Modellierbock mit einer in nasse Lappen gehüllten Frau darauf. Die ist die heiligste von allen. Der Modellierbock hat drei Beine, sie werfen steife Schatten auf den leeren Zementboden und hinauf an die Decke, die so hoch oben ist, dass kein Mensch je hinaufkommen kann, das heißt, nicht bevor der Baum da ist.

Wir haben den schönsten und größten Weihnachtsbaum der Stadt, wahrscheinlich ist er ein Vermögen wert, er muss nämlich bis an die Decke hinaufreichen und einer von der buschigen Sorte sein. Alle anderen Bildhauer haben kümmerliche kleine Bäumchen, von gewissen Malern ganz zu schweigen, die haben ja fast überhaupt keinen Baum. Die Leute, die in normalen Wohnungen leben, stellen ihren Baum auf einen Tisch mit einem *Tischtuch* drauf, die Ärmsten. Für die ist der Weihnachtsbaumkauf eine Nebensache.

Wir, das heißt Papa und ich, stehen an dem gewissen Morgen um sechs auf, Weihnachtsbäume muss man nämlich kaufen, wenn es dunkel ist. Wir gehen von Skatudden ans andere Ende der Stadt, dort liegt ein großer Hafen, der den notwendigen Hintergrund für den Weihnachtsbaumkauf bildet. Wir brauchen viele Stunden, um einen auszusuchen, und misstrauen jedem einzelnen Zweig, er könne ja hineingebohrt sein. Jedes Mal ist es kalt. Einmal bekam Papa die Tannenspitze ins Auge. Die morgendliche Dunkelheit ist voller schwarzer, frierender Kleiderbündel, die ebenfalls Weihnachtsbäume aussuchen, und der Schnee ist übersät mit Tannenzweigen. Über dem ganzen Hafen ruht eine bedrohliche und zugleich verzauberte Stimmung.

So wird das Atelier in einen Urwald verwandelt, in dem man sich verstecken und wo man hinter den Zweigen unerreichbar werden kann. Unter Weihnachtsbäumen muss man sehr liebevoll sein. Es gibt auch Plätze, wo man besonders gut trauern oder hassen kann, zum Beispiel zwischen den Türen, wo die Post hereinkommt. Die Flurtür hat kleine grüne und rote Scheiben, sie ist schmal und feierlich, und der Flur ist voller Kleider, Skier und Versandkisten, aber direkt zwischen den Türen, wo man mit knapper Not gerade noch hineinpasst, ist ein winziger Zwischenraum, in den man sich hineinstellen und hassen kann. Wenn man in einem großen Zimmer hasst, stirbt man sofort. Aber wenn der Raum ganz klein ist, geht der Hass wieder nach innen und kreist durch den Körper und kommt so nie zu Gott hinauf.

Mit Weihnachtsbäumen ist das ganz anders, besonders wenn die Glaskugeln aufgehängt worden sind. Die sammeln nämlich Liebe, und daher ist es so schrecklich gefährlich, sie fallen zu lassen.

Kaum war der Baum im Atelier, erhielt alles eine neue Bedeutung, alles war mit einer Heiligkeit geladen, die nicht einmal etwas mit Kunst zu tun hatte. Weihnachten hatte im Ernst begonnen.

Mama und ich begaben uns zu den eisigen Felsen hinter der russischen Kirche und scharrten Moos hervor. Wir bauten die heilige Landschaft auf mit der Wüste und mit Bethlehem aus Ton, jedes Mal mit neuen Straßen und Häusern, wir füllten das ganze Atelierfenster, legten Spiegelseen hin, verteilten die Hirten im Gelände und gaben ihnen neue Schafe und neue Beine, da die alten sich im Moos aufgelöst hatten, und streuten vorsichtig den Sand aus, damit man den Ton hinterher wieder benutzen konnte. Jedes Mal wenn wir die Krippe mit dem Strohdach hervorholten, die aus Paris neunzehnhundertzehn war, wurde Papa sehr gerührt und genehmigte sich einen Klaren.

Maria saß immer ganz vorn, während Josef sich bei den Kühen aufhalten musste, er hatte nämlich Feuchtigkeitsschäden und war außerdem perspektivisch kleiner.

Zuletzt kam das Jesuskind, das war aus Wachs und hatte echte lockige Haare und stammte aus Paris, bevor ich geboren war. Nachdem das Jesuskind an seinem Platz lag, musste man ganz lange still sein.

Einmal kam Poppolino los und fraß das Jesuskind auf. Er kletterte auf Papas Freiheitsstatue und setzte sich auf den Schwertgriff und fraß Jesus auf.

Wir konnten nichts machen und wagten uns nicht anzuschauen. Dann modellierte Mama ein neues Jesuskind aus Ton und malte es. Wir fanden, dass es zu rot und um die Mitte herum zu dick geraten war, aber keiner sagte etwas.

Zu Weihnachten gehörte das Rascheln. Jedes Jahr raschelte es gleich geheimnisvoll, da gab es Silberpapier und Goldpapier und Seidenpapier, ein unglaublicher Aufwand an glänzendem Papier, das alles einhüllte und schmückte und verbarg und das Gefühl von hemmungsloser Verschwendung vermittelte.

Alles war mit Sternen und Schleifen verziert; selbst die Schüssel mit dem Kohlrübenauflauf und die gekaufte Wurst, die es gab, bevor wir mit echtem Schinken anfingen, trugen Schleifen. Wenn man nachts aufwachte, hörte man Mama beim Geschenkebasteln verheißungsvoll rascheln. Eines Nachts hatte sie den Kachelofen bemalt, jede einzelne Kachel bis oben hin mit kleinen blauen Landschafen und Blumensträußen.

Mit dem Rändelrad zauberte sie Pfefferkuchenböcke aus dem Pfefferkuchenteig, und die Safrankatzen bekamen zusammengerollte Beine und eine Rosine mitten auf den Bauch. Ursprünglich, als Mama sie aus Schweden mitgebracht hatte, hatten die Safrankatzen noch vier Beine gehabt, aber inzwischen wurden es jedes Jahr mehr, bis die Katzen von einer wilden, gelockten Ornamentik umgeben waren.

Die Bonbons und Nüsse wurden von Mama auf einer Briefwaage abgewogen, damit alle gleich viel bekamen. Im Laufe des Jahres muss man es nehmen, wie es kommt, da hat niemand Zeit, so genau zu sein. Weihnachten dagegen ist die Zeit der absoluten Gerechtigkeit. Daher ist Weihnachten auch so anstrengend.

In Schweden stopft man Würste, zieht selbst Kerzen, bringt den Armen monatelang kleine Körbchen ins Haus, und sämtliche Mütter nähen nachts Geschenke. Am Heiligen Abend werden sie alle zu lauter Lucias.

Papa erschrak sehr, als er zum ersten Mal eine Lucia sah, doch als er merkte, dass es Mama war, begann er zu lachen. Danach wollte er, dass sie sich jeden Heiligen Abend so lustig verkleidete.

Ich lag auf meinem Regal und hörte, wie die Lucia sich die Leiter heraufmühte, das war gar nicht so einfach für sie. Das Ganze war von geradezu himmlischer Schönheit, und sie hatte aus Marzipan ein Schweinchen modelliert, genau wie man es in Schweden tut. Dann sang sie wieder ein bisschen und kletterte auf Papas Regal hinauf. Mama singt nur einmal im Jahr, weil ihre Stimmbänder überkreuzt sind.

Auf der Balustrade, die an unseren Schlafre-
galen entlanglief, standen viele hundert Kerzen
und warteten darauf, direkt vor dem Weihnachtsevangelium angezündet zu werden. Dann
wanderten sie wie flatternde Perlenbänder kreuz
und quer durchs Atelier, vielleicht waren es sogar
tausend. Das Interessante an diesen Kerzen war,
dass die Pappwand ziemlich leicht Feuer fangen
konnte, wenn sie heruntergebrannt waren.

Im Laufe des Vormittags wurde Papa meistens sehr erregt, er nahm Weihnachten nämlich
ausgesprochen ernst und hielt die vielen Vorbe-
reitungen kaum aus. Er sorgte dafür, dass jede
einzelne Kerze gerade stand, und warnte uns vor
der Feuergefahr. Dann stürzte er davon und
kaufte die Mistel, einen sehr kleinen Zweig,
erlesener als Rosen und Orchideen, der an der
Decke hängen musste. Immer wieder fragte er,
ob alles auch ganz bestimmt in Ordnung sei,
und plötzlich fand er, ganz Bethlehem sei falsch
komponiert. Dann genehmigte er sich einen Klaren, um sich zu beruhigen. Mama schrieb Verse
für die Weihnachtsgeschenke und entfernte
Lackreste von den Goldbändern und Geschenk-

papieren, die vom vorigen Weihnachten übrig waren.

Die Dämmerung fiel, und Papa begab sich mit Nüssen für die Eichhörnchen auf den Friedhof, um Gräber anzuschauen. Er hat sich nie besonders für die Verwandten interessiert, die dort in den Gräbern liegen, und die Verwandten haben auch nie besonders viel für ihn übrig gehabt, dazu waren sie zu entfernt verwandt und zu bürgerlich. Aber als Papa wieder heimkam, war er traurig und noch viel erregter, weil der Friedhof mit all seinen brennenden Kerzen so unglaublich schön gewesen war. Wie dem auch sei, die Eichhörnchen vergruben auf jeden Fall eine Menge Nüsse bei den Verwandten, obwohl es verboten war. Das ist immerhin ein tröstlicher Gedanke.

Nach dem Abendessen gab es eine lange Pause, um Platz für Weihnachten zu schaffen. Wir lagen im Dunkeln auf unseren Regalen und hörten Mama beim Kachelofen rascheln, und draußen auf der Straße war es ganz still. Dann wurden die langen Kerzenprozessionen nach und nach angezündet, und Papa kam von seinem Regal herabgestürzt, um zu kontrollieren, dass die Kerzen absolut senkrecht im Baum saßen und dass die Kerze hinter Josef nicht das Strohdach anbrannte.

Und dann kam das Weihnachtsevangelium. Am feierlichsten war die Stelle, als Maria die Worte in ihrem Herzen verbarg, und dass sie für die Heimreise einen anderen Weg nehmen mussten, war fast genauso schön. Der Rest war nicht so schlimm.

Wir erholten uns ein wenig, und Papa genehmigte sich einen Klaren. Und jetzt wusste ich, dass Weihnachten mir gehörte. Das war ein Triumph.

Ich kroch in den grünen Urwald hinein und zog die Pakete hervor. Drinnen unter den Zweigen war das liebevolle Gefühl mittlerweile fast unerträglich, eine kompakte Heiligkeit aus Marien, Engeln, Müttern, Lucias und Skulpturen, alle segneten sie mich und vergaben das ganze Jahr und diesen gewissen Platz zwischen den Türen im Flur, alles auf der ganzen Welt vergaben sie, wenn sie nur sicher sein konnten, dass ein jeder jeden liebte. Und ausgerechnet in diesem Augenblick stieß ich die größte Glaskugel an, sie fiel auf den Zementboden, wo sie sich in die winzigsten, traurigsten Scherben der Welt verwandelte.

Das anschließende Schweigen war unerhört. Oben am Hals hatte die Kugel einen kleinen Ring mit zwei Metallfühlern. Und Mama sagte: „Diese Kugel hat eigentlich schon immer eine unmögliche Farbe gehabt."

Und dann, nachdem alle Kerzen heruntergebrannt, alle Feuersbrünste gelöscht und alle Bänder und Papiere fürs nächste Weihnachten zusammengelegt waren, kam die Nacht. Ich hatte die Geschenke bei mir im Bett.

Ab und zu schlurften Papas Hausschuhe unten durchs Atelier, er nahm sich ein Stückchen Hering, genehmigte sich einen Klaren und versuchte seinem selbstgebauten Radio Töne zu entlocken. Der Friede war vollkommen. Einmal passierte etwas mit dem Radio, es gab ein ganzes Lied von sich, bevor die Störungen wieder einsetzten. Aber selbst die Störungen haben etwas Wunderbares an sich, unbegreifliche, einsame Signale aus dem Weltraum. Papa saß lange unten im dunklen Atelier, aß Hering und versuchte richtige Melodien hereinzubringen. Als es ihm nicht gelang, kam er wieder auf sein Regal herauf und raschelte mit den Zeitungen. Mamas Kerzen waren schon lange erloschen, es roch nach Weihnachtsbaum, nach etwas leicht Angebranntem und ganz allgemein nach Segen.

Nichts ist so ruhig, wie wenn Weihnachten vorbei ist, dann ist einem alles verziehen und man kann wieder normal werden.

Nach und nach packten wir die heiligen Dinge wieder ein und legten sie in den Flurschrank hinauf, und das Tannenreisig brannte mit kleinen, heftigen Explosionen im Kachelofen. Den Stamm verbrannten wir jedoch erst Weihnachten darauf. Er stand das ganze Jahr über neben der Gipskiste und erinnerte uns an Weihnachten und an die absolute Geborgenheit.

Quellenverzeichnis

Kulturgeschichtliche Anmerkungen und Rezepte
von Svenja Blume und Angelika Nix.

Hjalmar Bergman
Weihnachtsfreude. Aus: Weihnacht bei den
Trollen. Herausgegeben und übersetzt von
Klaus Möllmann. © 2001 Deutscher Taschenbuch
Verlag, München.

Fredrika Bremer
Heiliger Abend und Christmette. Aus: Weihnacht
bei den Trollen. Herausgegeben und übersetzt
von Klaus Möllmann. © 2001 Deutscher Taschen-
buch Verlag, München.
Die Reise: ein Winterstück. Gekürztes Kapitel aus:
Fredrika Bremer, Vater und Tochter. Stuttgart /
Freiburg 1872.

Tove Jansson
Der zugeschneite Salon. Aus: Tove Jansson,
Winter im Mumintal. Aus dem Schwedischen

abend. Aus: Weihnacht bei den Trollen. Herausgegeben und übersetzt von Klaus Möllmann. © 2001 Deutscher Taschenbuch Verlag, München.

Der Tomte. Übersetzt von Svenja Blume und Angelika Nix. Das schwedische Original erschien erstmals in: Ny Illustrerad Tidning, Stockholm 1881.

Alfred Smedberg
Die Trolle und der Koboldjunge. Übersetzt von Widerun Rehwaldt. Aus: Klaus Möllmann (Hg.): Der Wolfsprinz. Schwedische Trollmärchen. © 1984, Hinstorff Verlag, Rostock, S. 197–207.

Anmerkung des Verlages:
Wir danken den Verlagen und Rechteinhabern für die Erteilung der Abdruckgenehmigungen. Bei einigen Texten war es trotz gründlicher Recherchen nicht möglich, die Inhaber der Rechte ausfindig zu machen. Honoraransprüche bleiben bestehen.

Zauber der Weihnacht

Manfred Becker-Huberti
DER WEIHNACHTSMANN LEBT
Wie er wurde, was er ist
Band 7035

GÖNN DIR EINEN STERN
Die Weihnachtsedition
Hrsg. von Anton Lichtenauer
Band 7039

Bernhard Pötter
GEBRAUCHSANWEISUNG FÜR WEIHNACHTEN
Geschichten für Fans
Band 7037

Rudolf Walter
CHRISTMAS CRACKERS
Fröhliches Fest allerseits
Band 7038

HERDER spektrum